Kinder und die großen Fragen

Rainer Oberthür

KINDER
und die großen
FRAGEN

Ein Praxisbuch für den
Religionsunterricht

Unter Mitarbeit von Alois Mayer

Kösel

Hinweis zum Titelbild:

Das Umschlagmotiv ist das »Schöpfungsbild« eines neunjährigen Mädchens. Nach Betrachtungen von Bildern zur Schöpfung aus der Kunstgeschichte bekam jedes Kind von einem weiteren, noch unbekannten Bild einen Ausschnitt, den es auf dem Blatt an eine selbst gewählte Stelle klebte (hier links oben), um von dort aus ein eigenes Schöpfungsbild zu malen (ausführlich ☞ Kap. 10).

ISBN 3-466-36439-6
© 1995 by Kösel-Verlag GmbH & Co., München
Printed in Germany. Alle Rechte vorbehalten
Druck und Bindung: Kösel-Kempten
Umschlag: Kaselow-Design, München, unter Verwendung einer Collage von Hella Nawrocki

3 4 5 · 99 98

Gedruckt auf umweltfreundlich hergestelltem Werkdruckpapier
(säurefrei und chlorfrei gebleicht)

Inhaltsverzeichnis

Vorwort

Es gibt so viele Didaktiken des Religionsunterrichts, aber wer von den Praktikerinnen und Praktikern in der Schule liest sie? Nach den Mühen von Studium und Referendardienst fehlt es im Schulalltag vielen zumeist an Zeit, sich mit aktuellen fachdidaktischen Fragestellungen zu beschäftigen. Hinzu kommt die Erfahrung, daß Bücher über den Religionsunterricht häufig zu weit weg sind von der Praxis des Unterrichts, zu allgemein, als daß sie für die konkrete Arbeit in der Schule als bereichernd angesehen würden.

Es gibt so viele Praxisbücher, Lehrerkommentare und Materialsammlungen für den Religionsunterricht, aber wie viele der Religionspädagoginnen und -pädagogen an den Universitäten nehmen sie wahr? Wie wenig diese Gattung im Blick der Wissenschaftler ist, zeigt sich z.B. an den Lehrerhandbüchern von Hubertus Halbfas zu seinem Unterrichtswerk, die im Gegensatz zu seinen religionsdidaktischen Grundsatzbüchern kaum zitiert werden, wohl weil sie mehr praxisbezogen eine Religionsdidaktik entfalten.

Dieses Buch bemüht sich um eine Verbindung zwischen Konzeption und Praxis des Religionsunterrichts. Es bietet den »Praktikern« eine Fülle konkreter Anregungen und Materialien für den Unterricht, will sie aber zugleich in eine (praxisrelevante) Auseinandersetzung mit religionspädagogischen Fragestellungen hineinziehen und ihnen so Anstöße für die Konzeption *und* Praxis ihres Religionsunterrichts geben. Die mehr theoretisch Interessierten werden umgekehrt im Zusammenhang grundsätzlicher Fragen religiösen Lernens mit einer Vielzahl von Praxiserfahrungen aus dem Schulalltag konfrontiert: Erfahrungen, denen nicht die Bedingungen herkömmlicher empirischer Forschung zugrunde liegen, die aber auf der Basis von Unterricht im »Team-Teaching« authentisch dokumentiert und subjektiv interpretiert werden.

Damit ist bereits die Entstehung dieses Buches angesprochen: Sein erster »Sitz im Leben« ist der *Religionsunterricht* mit Kindern der Katholischen Grundschule Höfchensweg in Aachen, den ich überwiegend gemeinsam mit Alois Mayer, Religionslehrer und Schulleiter dieser Schule, plane, erteile und reflektiere. Die Unterrichtsdokumentationen stammen im wesentlichen von Kindern aus drei Klassen, die wir in den Jahren 1990 bis 1994 jeweils vom 2. bis 4. Schuljahr unterrichtet haben.[1] So haben alle Praxisanregungen ihre »Bewährung« zumindest in einer, häufig in mehreren Klassen erfahren.

Alle unterrichtsbezogenen Ausführungen haben weitere »Feuertaufen« in vielen *Fortbildungstagungen mit ReligionslehrerInnen* im Bistum Aachen hinter sich, meinem Arbeitsbereich, der gerade von der Spannung zwischen Theorie und Praxis, von der Vermittlung zwischen dem Religionsunterricht in der Schule und der Forschung der Religionspädagogik lebt.

Entsprechend dem doppelten Anspruch vermeidet das Buch schon vom Aufbau her eine Trennung zwischen (praxisfernem) Theorieteil und (reflexionslosem) Praxisteil.

Das einleitende Kapitel stellt Voraussetzungen eines zeitgemäßen Religionsunterrichts mit Kindern dar. Er enthält sowohl eine Grundlegung eines Konzepts von Religionsunterricht als auch Hinführungen und Begründungen zu den Themen des Hauptteils. Da dieses Konzept aus der Praxis des Religionsunterrichts erwachsen ist, finden sich aber auch hier Unterrichtsanregungen.

Den Hauptteil des Buches bilden acht Kapitel zu zentralen Themen des Religionsunterrichts: Die Frage und Suche nach Gott und nach der eigenen Identität (☞ Kap. 2 und 3), die Sonnensymbolik im Christentum und anderen Religionen (☞ Kap. 4), Zeit und Stille (☞ Kap. 5), die Bildsprache der Psalmen (☞ Kap. 6), Tod und Auferstehung (☞ Kap. 7), Schuld und Umkehr (☞ Kap. 8), Jesus und Reich Gottes (☞ Kap. 9). Diese Themen werden in Form von erprobten Unterrichtswegen praxisanregend entfaltet und reflektiert.

Das Schlußkapitel beleuchtet den insgesamt bevorzugten Umgang mit Bildern, Texten und Musik mit weiteren Praxisbeispielen (Schöpfungsbilder, Himmel und Erde, Klangbild und Gottesbild) und grundsätzlichen Thesen und plädiert als Konsequenz aller Unterrichtserfahrungen und Überlegungen für ein metaphorisches und offenes religiöses Lernen mit Kindern.

So entfaltet sich an exemplarischen Unterrichtsthemen indirekt eine Didaktik des Religionsunterrichts mit Kindern. Sie wird nicht systematisch dargestellt, sondern befindet sich sozusagen »im Hintergrund« konkreten Unterrichts, aus dem sie dann immer wieder hervortritt. Die so sich entwickelnden Konturen dieser Didaktik werden im letzten Kapitel präzisiert. Die Reihenfolge der Themen entspricht weitgehend ihrer Entwicklung in unserer Unterrichtspraxis und verschränkt bewußt sogenannte »anthropologische« und »biblisch-theologische« Einheiten miteinander. Die Auswahl trifft zentrale und exemplarische Themenbereiche des Religionsunterrichts, ohne Vollständigkeit zu beanspruchen oder gar andere wichtige Themen, wie z.B. den Umgang mit den Fremden oder die Bewahrung der Schöpfung, abzuwerten.

Die Darstellung versucht dem notwendigen Zusammenspiel der Wege von LehrerIn, Kind und Unterricht gerecht zu werden. Sie wechselt zwischen Impulsen für den eigenen Zugang zum Thema, Erzählen von durchgeführtem Unterricht und Nachdenken darüber, der Dokumentation von Materialien und

Ergebnissen, Überlegungen zu Einzelfragen des Religionsunterrichts und Anfragen an die Religionspädagogik. Indem ich von unseren Wegen mit den Kindern erzähle (und dabei die Probleme nicht verschweige), will ich dazu ermutigen, selbst mit Hilfe der Anregungen eigene Wege zu gehen! Nach unserer Einschätzung und nach vielen positiven Rückmeldungen von LehrerInnen sind Umsetzungen aller hier entfalteten Unterrichtsthemen vom *2. bis zum 6. Schuljahr* möglich.

Wie ist dieses Buch zu lesen?
Am besten natürlich vom Anfang bis zum Ende! Ich habe das Buch so geschrieben, daß es sich den Lesern so am besten erschließt. Falls jedoch die Zwänge des Alltags oder ein unterschiedliches Interesse an den Themen das nicht zulassen, ist es auch möglich, nach der Einleitung einzelne thematische Kapitel für sich zu lesen. Jeder Beitrag ist trotz der Bezüge zu den anderen in sich eigenständig. Lediglich das letzte Kapitel setzt zu weiten Teilen die vorherigen Ausführungen voraus. Ein »dritter Weg« ist die Lektüre mehrerer besonders eng zusammenhängender Kapitel, die aber im Buch auseinandergezogen sind: z.B. Gottesfrage – Psalmen – Reich Gottes.
Schließlich sei Ihnen ein ganz anderes Suchraster angeboten, das sich nicht auf Unterrichtsthemen, sondern auf methodische Schwerpunkte und religionspädagogische Grundsatzfragen bezieht.

Sie interessiert besonders:	*Bitte lesen Sie Kapitel:*
Umgang mit Bildern	2, 4, 7, **10**
Umgang mit Geschichten und Gedichten	1, 2, 3, 5, 7, **8**, 10
Umgang mit Bibelworten	**6**, 9, 10
Umgang mit Musik	4, 5, 7, 9, **10**
Umgang mit Symbolen	1, **4**
Freie Arbeit und Religionsunterricht	3, **6**, 8
Wege zu Stilleerfahrungen	2, **5**
Religiöse Entwicklung	**2**, 10
Verstehen metaphorischer Sprache	2, **6**, 7, 9, **10**

Im letzten Kapitel finden Sie zudem Zusammenstellungen aller Unterrichtsmaterialien und -anregungen (☞ Kap. 10: Umgang mit Bildern, S. 138, Umgang mit Texten, S. 144 f., Umgang mit Musik, S. 151).

Danken möchte ich zuallererst Alois Mayer! Unser gemeinsamer Weg in der Grundschule führte zu diesem Buch, zu dem er in allen Teilen und Entstehungsphasen wesentlich beigetragen hat: bei der Planung, Durchführung und

Reflexion des Unterrichts – besonders bei den Unterrichtsreihen zur Sonne, zu den Psalmen, zur Schuld, zum Reich Gottes und zu Himmel und Erde – und in der Begleitung meines Schreibens mit vielen Impulsen und Verbesserungen.

Wichtige »Mitarbeiterinnen und Mitarbeiter« dieses Buches sind auch die Kinder. Ihnen danke ich für ihre Fragen und Gedanken, ihre Phantasie und Einfühlung, ihre Offenheit und Echtheit. Wir haben viel von und mit ihnen gelernt!

Dankbar bin ich zum einen meinen Kollegen im Katechetischen Institut des Bistums Aachen für die Gespräche und Auseinandersetzungen um das religiöse Lernen mit Kindern, Jugendlichen und Erwachsenen, zum anderen den ReligionslehrerInnen im Bistum Aachen, die mich immer neu zu gemeinsamem Lernen zugunsten der Kinder im Religionsunterricht herausfordern.

Dank gesagt sei Winfried Nonhoff vom Kösel-Verlag, der die Idee zu diesem Buch in mir geweckt hat und mich bei der Arbeit jederzeit mit Einfühlung und Sachverstand ermutigt und unterstützt hat. Eva-Maria Bauer, Ulla Mayer und George Reilly verdanke ich viele Anregungen und Verbesserungvorschläge.

Dasselbe gilt für Ruth Oberthür, der ich wie auch unseren Kindern Lena und Daniel für die Begleitung, Unterstützung und Geduld besonders danke.

1 Die Kinder und die großen Themen ernst nehmen

Voraussetzungen eines zukunftsfähigen Religionsunterrichts mit Kindern

»Manchmal beneide ich die Kollegen, die meinen Kindern Religion geben, um die großen Themen und die Zeit, die sie zur Verfügung haben, um mit den Kindern in Ruhe zu sprechen. Für viele Kinder ist Religion am Anfang ein Lieblingsfach. Was sie dort erfahren, nehmen sie sehr ernst. Peter saß in den Wochen vor Ostern nach der Religionsstunde auf dem Boden und betrachtete, statt an die Tafel zu schauen oder mit den andern Kindern Blödsinn zu machen, das Kruzifix, das über der Tafel hängt. Er war ganz versunken in seine ernsten Gedanken. »Weißt du, daß der Jesus wieder aufgestanden ist?« hat er mich später gefragt, wie einer, den diese Nachricht innerlich ganz verwandelt hat.

Aber die großen Themen sind auch gefährlich. Wird der Unterricht ihnen nicht gerecht, ist die Nächstenliebe des Lehrers, seine Ehrfurcht gegenüber den Menschen, die vor ihm sitzen, nur schwach, dann kann es schnell passieren, daß die Kinder ihn und den ganzen Religionsunterricht ablehnen. Womöglich werden sie sogar zynisch gegenüber seinen Themen, die er zu klein gehandelt, selbst zu wenig ernstgenommen hat.«[1]

Diese Einschätzung von Ute Andresen aus ihrem Grundschul-Tagebuch »Von der Würde der Kinder in der Schule« spiegelt die Herausforderung des Faches Religionsunterricht aus Sicht einer fachfremden Grundschullehrerin wider. Den Möglichkeiten entspricht die ebenso große Verantwortung, die wir den Kindern gegenüber haben, die uns in Fragen der Religion anvertraut sind. Bis heute gibt es gerade im Religionsunterricht der Grundschule – häufig provoziert durch entsprechende religionspädagogische Medien[2] – eine vermeintlich »kindgemäße« Art des Umgangs mit Kindern, die sie unterschätzt, ihnen die ganze Wahrheit (noch) vorenthält und somit für die Kinder später sehr leicht Religion als »Kinderkram« im negativen Sinn erscheinen läßt.

Das Plädoyer, die Kinder und die großen Themen der Religion ernst zu nehmen, ist für den in diesem Buch vorgestellten und angeregten Religionsunterricht leitend. Bevor es an Kernthemen des Religionsunterrichts konkretisiert wird, möchte ich es in diesem Kapitel grundsätzlich entfalten.[3] Dabei soll eine in zweifacher Hinsicht doppelte Perspektive in den Blick kommen: Was hier zunächst auf die Kinder hin ausgeführt ist, hat seine Entsprechungen und

Konsequenzen auch für uns Erwachsene. Was hier zunächst aus primär pädagogischer Sicht formuliert ist, findet dann auch seine religionspädagogische und theologische Begründung.

Kindsein zulassen – das Kind zu sich kommen lassen

Wer

Wer hat den Ernst in dein Gesicht gebracht
wer hat das Licht gelöscht in dir
wer hat die roten Wangen bleich gemacht
wer brach roh ein in dein Revier
wer nahm die Leichtigkeit
die Unbefangenheit
wer brachte dich um deine allerschönste Zeit?

Wer machte deine klaren Augen blind
wer trieb mit dir ein böses Spiel
wer tötete das unbeschwerte Kind
das immer aufstand, wenn es fiel
wer bremste deinen Drang
wer lehrte dich den Zwang
wer brach die Flügel dir, bevor der Flug gelang?

Wer ließ dich einfach in der Ecke stehn
wer hat dein Spielzeug dir zerstört
zu wem hast du vergeblich aufgesehn
auf wen hast du umsonst gehört
wer hat nur unerlaubt
die Zukunft dir geraubt
wem hast du vorbehaltlos bis zum Schluß geglaubt?

Die Fragen dieses Liedtextes[4] – gestellt an ein groß gewordenes Kind, das nicht Kind sein durfte – geben zu denken. Ich kann sie als Lehrer oder als Vater hören, ich kann sie im Rückblick auf meine eigene Kindheit oder mit Blick auf die Kinder heute hören. Als Religionslehrer fordern sie mich zum einen auf, Kindern Raum für ihr Kindsein zu lassen bzw. zu geben, ihre Welt, ihre Erfahrungen, ihre Fragen und Gedanken, ihre Vorstellungen, ihre Ängste,

Hoffnungen und Wünsche wahrzunehmen und verstehen zu lernen, sie als denk- und sprachfähige Partnerinnen und Partner aber auch teilhaben zu lassen an der Welt der Erwachsenen. Zum anderen fordern sie mich zur Bewußtmachung meines eigenen Kindseins auf. Die Bewahrung kindlichen Staunens und Sich-Wunderns, das Einfühlungsvermögen in narrative und metaphorische Sprache, die Phantasie und Einbildungskraft sind Voraussetzungen, den Kindern nahe zu sein und sie zu verstehen, und sie sind zugleich Chancen eigenen Lernens von und mit Kindern. »Nur wer erwachsen wird und Kind bleibt, ist ein Mensch« (Erich Kästner).

Das komplexe Geschehen »Unterricht« erfordert im vierfachen Sinn, die Kinder »zu sich« kommen zu lassen: die Kinder zu sich selbst und zu mir als Erwachsenen kommen zu lassen, das eigene Kindsein mir selbst und den Kindern gegenüber zuzulassen.

Unabhängig von dem abzulehnenden Zerrbild einer zerstörten Kindheit machen die Fragen des Liedtextes zudem auf ein pädagogisches Dilemma aufmerksam. Auch bei größter Sensibilität und Verantwortung können wir nicht immer jedem Kind gerecht werden und werden dafür gute Gründe finden. Aber wir können uns fragen, ob die jeweiligen Einschränkungen wirklich notwendig und vor allem sinnvoll sind oder unsere Gründe dafür nur vorgeschoben. In diesem Sinne sehe ich den Liedtext als Anfrage an die eigene pädagogische Praxis, sozusagen als Erinnerungstext in der Schublade des Lehrerpultes.

Auf Kinderfragen hören – mit Kindern fragen

Kleine Frage

Glaubst du
du bist noch zu klein
um große
Fragen zu stellen?

Dann kriegen
die Großen
dich klein
noch bevor du
groß genug bist.

Diese »Kleine Frage« von Erich Fried[5], die ich (zunächst ohne Nachsatz) an die Tafel schrieb, führte in unserem 2. Schuljahr zu einem nachdenklichen Gespräch. Die Kinder waren sich einig, »große Fragen« stellen zu können, und wir überlegten genauer, welche damit gemeint sind: über (wörtlich verstandene) »lange« Fragen kamen die Kinder auf »schwere« Fragen und in der Folge zu Fragen, auf die es nicht nur eine einzig richtige Antwort gibt oder die sogar niemand endgültig beantworten kann. Als Beispiele nannten sie »Wie sieht Gott aus?« und »Wieso bin ich so, wie ich bin?«. Darauf schrieb jedes Kind auf ein vorbereitetes Blatt »Fragen, über die ich mir den Kopf zerbreche« (Beispiele s.u.).

Die Tiefe und der Reichtum von Kinderfragen sind bislang nur in Ansätzen erkannt, erforscht oder unterrichtlich zur Geltung gekommen.[6] Wer Kindern durch Ermutigung und Würdigung Raum zum Fragen gibt, der entdeckt in ihren Fragen die »großen Themen« der Menschheit. Wer Kinderfragen mit religionspädagogischem Interesse auswertet, erhält Einblicke in das, was Kinder heute wirklich beschäftigt: was sie fasziniert oder abschreckt, freut oder ängstigt. Es entsteht ein Katalog von »Schlüsselthemen« für den Religionsunterricht mit der Möglichkeit, die jeweiligen Fragen der Kinder selbst (und nicht die Lehrerfragen) zum Ausgangspunkt des Unterrichts zu machen.

Meine über Jahre entstandene Sammlung von Kinderfragen (s. Beispiele aus sechs Klassen: 2.-4. Schuljahr) enthält überraschend eindeutig zu bestimmende, immer wiederkehrende Themen der Kinder, die auch durch Untersuchungen und Erfahrungen von Pädagogen gestützt werden.[7] Viele Kapitel dieses Buches greifen die Themen dieser Fragen auf, oder besser: Die Fragen der Kinder haben uns zu diesen Themen geführt.

■ Fragen nach der (eigenen) Identität

Wer bin ich eigentlich?
Wieso bin ich so, wie ich bin?
Wieso lebe ich eigentlich, warum kann ich mich fühlen, wieso lebt nicht ein anderer für mich?
Bin ich wirklich ich?
Warum bin ich?
Wenn meine Oma nicht wär, wär ich dann?
Wenn sich meine Eltern nicht getroffen hätten, wäre ich dann nicht auf dieser Welt?
Wenn es mich nicht gäbe, würde es keiner merken?
Wie war es in Mamas Bauch?
(☞ Kap. 3)

■ Geheimnisse des Unendlichen / Unvorstellbaren (Welt, Natur, Universum, Raum, Zeit)

Kommt man im All an ein Ende?
Was wäre, wenn die Sonne nicht da wäre?

Warum gibt es die Erde?
Wie entstand die Welt?
Wer war der erste Mensch?
Wer hat Gott erschaffen?
Wie kann aus einem so kleinen Senfkorn eine Pflanze werden?
Was ist Zeit?
Wann ist die Zeit entstanden?
Warum gibt es abgemessene Zeit?
Woher kommt die Zeit?

(☞ Kap. 4, 5 und 10)

■ **Probleme des Zusammenlebens (Geschwister, MitschülerInnen, Jungen und Mädchen, Eltern, Lehrkraft)**

Warum bestimmen immer die Erwachsenen?
Warum verstehen die Jungen die Mädchen nicht?
Warum sind so viele gegen Ausländer?
Warum gibt es Streit?
Warum streite ich mich manchmal mit einem, obwohl ich es nicht will?

(☞ Kap. 8)

■ **Zukunftsängste, Kriege, Umweltkatastrophen**

Wie sieht unsere Welt in 50 Jahren aus?
Wie sieht meine Zukunft aus?
Werde ich in nächster Zeit glücklich sein?
Warum gibt es Krieg?
Warum verschmutzt man die Umwelt?
Was wäre, wenn es keine Bäume gäbe?

(indirekt ☞ Kap. 6, 8 und 9)

■ **Trauer, Krankheit, Leiden, Sterben und Tod**

Warum muß ein Mensch krank sein?
Warum läßt Gott zu, daß man so traurig sein muß?
Warum müssen wir Menschen sterben?
Wenn Gott stärker als der Tod ist, warum schafft er dann den Tod nicht ab?
Wird Gott nie sterben?

(☞ Kap. 7)

■ **Leben nach dem Tod**

Was mache ich, wenn ich tot bin?
Wo kommen wir hin, wenn wir tot sind?
Warum gibt es einen Himmel?
Wie sieht es im Himmel aus?
Ist der Himmel wirklich ein Paradies?
Hört das Leben auf der Erde nie auf?

(☞ Kap. 7 und 9)

■ Die Entstehung von Sprache

Wie konnte man die Sprache erfinden, wenn man noch nicht sprechen konnte?
Wer hat in mir die Sprache entwickelt?
Was gibt uns unsere Stimme?
Warum haben manche Menschen eine andere Sprache als wir?
Woher kommen die Namen?
Warum gibt es eigentlich Wörter?
Kriegen die Gegenstände von uns den richtigen Namen?
Wieso heißt Gott Gott und nicht Mensch?
(☞ Kap. 2)

■ Die Existenz und Wirklichkeit Gottes

Wie sieht Gott aus?
Warum kann man Gott nicht sehen?
Wo kommt Gott her?
Ist Gott noch auf der Welt?
Wie groß ist Gott?
Gibt es überhaupt Gott?
Kann Gott überhaupt sprechen?
Gibt es Gott wirklich? (weitere Fragen s.o.)
(☞ bes. Kap. 2, 4, 6, 9 und 10)

Diese Kinderfragen berühren zentrale theologische Themen wie Gotteslehre und Theodizee-Frage, Schöpfungslehre, Auferstehung und Eschatologie, Anthropologie und Ethik. Legen sie nicht eine »Religionspädagogik der Frage« nahe?[8] Ein Mädchen aus dem 2. Schuljahr hinterfragte sogar ihre Fragen, indem es als letzte einer Reihe tiefgründiger Fragen aufschrieb: »Wie komme ich überhaupt auf die Fragen?« Ein anderes Kind schrieb am Ende nachdenklich: »Haben große Fragen mit Zeit, Warten, Gedanken und Geduld viel gemeinsam?«
Wenn der Religionsunterricht die Fragen der Kinder nach sich, nach dem Woher und Wohin ihres Lebens, nach ethischen Begründungen menschlichen Handelns, nach dem Leid und dem Bösen, nach (religiöser) Sprache, Bildern und Symbolen, nach Grenzen des Vorstellbaren und in all diesen Aspekten nach Gott thematisiert, rückt er Religion »in den Fragehorizont des Kindes« (Heinrich Roth). Er fördert religiöses Verstehen, denn Fragen sind nicht nur die Vorstufe oder gar das Gegenteil von Antworten, sondern Ausdruck eines Ringens um Erkenntnis. Indem er die Fragen der Kinder wachhält bzw. weckt, zum »richtigen« Fragen und zum Aushalten von Fragen und vorläufigen Antworten hinführt, erzieht er zu einer Haltung religiösen Fragens.
Dazu gehört, daß ich als Religionslehrer ebenfalls Fragender und Lernender bin und den Kindern nicht endgültige, jede weitere Auseinandersetzung beendende Antworten, sondern Antwortversuche aus meinem Glauben bzw. aus der jüdisch-christlichen Glaubenstradition heraus »glaub-würdig« vorstelle.

16

Mit Kindern staunen, nachdenken und sprechen –
mit allen Sinnen wahrnehmen und religiöses Verstehen lernen

»Die Menschen bearbeiten Existenzfragen … meist in Spielen, im Erzählen, im Anhören, im Vorspielen, im Vortanzen, im Vorsingen von Geschichten; im Betrachten von Bildern, im Feiern von Festen; im Beschwören von Erinnerungen und Hoffnungen; in Musik, in Meditation.«[9]

Der Religionsunterricht fördert und praktiziert – wie oben beschrieben – eine Grundhaltung des Staunens und Fragens, des »Philosophierens mit Kindern«[10] und vermeidet dabei Einseitigkeiten in Zielsetzung und Methodik.
Die besondere Hervorhebung des Fragens meint natürlich nicht eine einseitig kognitive Haltung. Der ganze Mensch ist ergriffen. Das Staunen steht nicht nur am Anfang, wird nicht vom Denken abgelöst, sondern ist von Beginn an mit ihm verwoben, was im Fragen besonders deutlich wird: »Das denkende Erstaunen spricht im Fragen« (Martin Heidegger).
Im Umgang mit Kindern wird mir immer wieder deutlich: Wenn sie wirklich von etwas gefesselt sind, gibt es keine Trennung von Begreifen und Ergriffensein, keine Reflexion ohne Emotion. Voraussetzung dafür ist, daß wir ihnen verschiedene Wege der Auseinandersetzung anbieten. Das eine Kind läßt sich eher hörend durch Geschichten und Gedichte oder durch Musik ansprechen, das andere Kind setzt sich eher sehend mit einem Bild auseinander, während ein drittes am besten kreativ handelnd ein eigenes Bild malt. Sich etwas vorstellen in einer Phantasiereise, etwas darstellen in Pantomime oder Rollenspiel, etwas schreiben: Vielfältig sind die Wege religiöser Lernprozesse. Sie gleichberechtigt zum Zuge kommen zu lassen, ist nicht nur aus (pädagogischen) Gründen wie Motivation durch Abwechslung oder Respekt vor der Unterschiedlichkeit der Lerntypen geboten, sondern auch eine religionspädagogische bzw. theologisch-hermeneutische Notwendigkeit: Religiöses Verstehen bzw. Offenbarung Gottes ereignet sich in der Vielfalt der Möglichkeiten sinnlicher Erkenntnis.
Die verschiedenen Wege hin zum religiösen Verstehen münden vorrangig im Gespräch, im Austausch darüber, was uns bewegt, was wir neu erfahren haben, was uns die Zugänge der anderen (z.B. im gemalten Bild) sagen. Ohne daß immer alles von allen verbalisiert werden muß und kann, sollte der Religionsunterricht Kindern helfen, miteinander zu reden.
Dabei bin ich als Religion Unterrichtender derjenige, der die Zusagen und Herausforderungen der befreienden christlichen Botschaft auf dem Hintergrund der jüdisch-christlichen Glaubensgeschichte ins Gespräch einbringt, der sich nicht »neutral« verhält, sondern Stellung bezieht und den Kindern gegenüber die eigenen Glaubens-Überzeugungen darlegt.[11]

Mit Kindern heute leben

»Die Kinder heute sind unruhiger, ich-zentrierter, konsumorientierter und sprachlich ärmer als früher.«
»Die Kinder heute sind wacher, selbstbewußter, kritischer und sprachlich kreativer als früher.«[12]

Diese widersprüchlichen, aber beide stimmigen Einschätzungen zweier Grundschullehrerinnen sind Ausdruck der Ambivalenz und Herausforderung einer veränderten Kindheit. Ein Kindern gerecht werdender Religionsunterricht hat deren veränderte Lebensbedingungen im Blick, nimmt also Chancen und Bedrohungen heutiger Kindheit wahr und leistet einen Beitrag zum Ausgleich von Erfahrungsdefiziten. Das sei anhand der Hauptthesen des Bundesgrundschulkongresses 1989 beispielhaft verdeutlicht[13]:

»I. Der Verlust der Unmittelbarkeit in einer weitgehend mediatisierten Welt reduziert Kindheit heute auf ein Leben aus zweiter Hand.«
Wo immer möglich, werden im Religionsunterricht Erfahrungen angebahnt und nicht nur medial rekonstruiert. Die Hinführung der Kinder zur Stille (☞ Kap. 5), zur gesammelten Wahrnehmung, zum Betrachten nur eines Bildes ermöglichen Kontrasterfahrungen zur Kindheit heute mit ihrer Flut von Eindrücken. Die kreative Auseinandersetzung im bildnerischen und handwerklichen Gestalten (☞ bes. Kap. 4 und 10), im Schreiben von Texten (☞ bes. Kap. 8 und 10), im Rahmen von Freiarbeit (☞ bes. Kap. 5 und 8) hat ihren eigenständigen Platz. Sie führt nicht linear hin zur Übernahme religiöser Inhalte, sondern setzt Prozesse religiösen Lernens und persönlichen Verarbeitens von (religiösen) Erfahrungen in Gang.

»II. Wachsende Beziehungslosigkeit in einer Massengesellschaft bewirkt auch für Kinder heute ein Leben in zunehmender Vereinzelung.«
Schule ist für Kinder häufig der zentrale Ort für Gespräche mit anderen Menschen. Der Religionsunterricht eröffnet Raum für Dialoge über das, was die Kinder bewegt (s.o.). Er schafft Handlungs- und Spielräume und ermöglicht Gemeinschaftserfahrungen in der Arbeit, im Spiel, im Singen und Feiern.

»III. Das weltweit vorhandene Bewußtsein von der globalen Gefährdung der Menschheit wandelt auch Kindheit heute zu einem Leben angesichts bedrohter Zukunft.«
Der Religionsunterricht läßt die Ängste der Kinder zur Sprache kommen und versucht, ihre Sensibilität für Bedrohungen von Schöpfung und Frieden wahr-

zunehmen und zu fördern (☞ Kap. 6). Er hilft, Ungerechtigkeiten im Zusammenleben der Menschen zu bewerten, verschiedene Lebensstile und Werteinstellungen zu unterscheiden und ist bemüht, aus der befreienden christlichen Botschaft Hoffnungs- und Handlungsperspektiven zu entwickeln (☞ Kap. 8).

Mit Kindern Religionsunterricht, religiöse Sprache und religiöse Entwicklung bedenken

»Religionsunterricht ist für uns Nachdenken, Sprechen, Fragen, Fühlen, Schauen, Hören, Mit-dem-Herzen-Sehen, Schreiben, Malen und Stillwerden. Dabei geht es um Gott, um Jesus, um uns, unsere Gefühle, unseren Glauben, um unsere Welt, um die Bibel und die Kirche: eben um Religion!«

Diese Umschreibung fanden wir am Ende der Grundschulzeit nach drei gemeinsamen Jahren Religion. Religionsunterricht mit Kindern thematisiert sich selbst, seine Bedeutung für die Kinder jetzt und später.[14] Er setzt sich selbst nicht fraglos voraus. Die Kinder überlegen, was für sie Religion ist und was sie im Religionsunterricht erwarten, und sind an der Gestaltung der Lernprozesse mitbeteiligt.

Ein Religionsunterricht, der den Kindern und den großen Themen gerecht werden will, wird auch die Eigenart und Andersartigkeit, die Möglichkeiten und Grenzen religiöser Sprache indirekt thematisieren. So wird ein Bild zur Auferstehung Jesu auf das hinterfragt, was es uns zeigen kann: wie der Maler es sich vorstellt, wie das zu unseren Vorstellungen paßt, wie wir die Geschichte neu verstehen können. Dabei wird dann auch deutlich, was es nicht zeigen kann: wie sich die Auferstehung ereignet hat (☞ Kap. 4 und 7).

Zur Eigenart religiösen Lernens gehört, daß es stets in Entwicklung ist. Den Kindern können die Entwicklungen und die Unabgeschlossenheit im Bereich religiösen Verstehens und Denkens z.B. im Hinblick auf die sich ändernden Gottesvorstellungen durchaus vor Augen geführt werden (☞ Kap. 2). Indem der Religionsunterricht einerseits sich entwickelnde religiöse Vorstellungs- und Denkmuster zuläßt und stabilisiert und andererseits eine Weiterentwicklung stimuliert, gelingt ihm eine kindergerechte Begleitung der religiösen Entwicklung.

Mit Kindern Gott »in Frage« stellen

Die aufgeführten Kinderfragen zeigten bereits die zentrale Rolle der Frage nach Gott. Nicht nur nach Gottes Aussehen und Handeln fragen die Kinder, auch seine Existenz »an sich« wird hinterfragt: Wer hat Gott erschaffen? Wird Gott nie sterben? Gibt es Gott wirklich? Besonders intensiv fragen sie nach seiner Gerechtigkeit.[15]

Ein Blick auf elementare Krisen des Gottesglaubens im Jugendalter unterstreicht diese Bedeutung der Gottesfrage in der Kindheit. K. E. Nipkow benennt als wesentliche »Einbruchstellen« für den Verlust des Gottesglaubens bei Jugendlichen die Enttäuschung über ausgebliebene Hilfe angesichts von Leid, Ungerechtigkeit und Tod, die Enttäuschung über unbeantwortete Fragen bezüglich Anfang und Ende der Welt, Leben, Tod und Sinn des Seins und die Enttäuschung über die Fiktivität der Gottesvorstellung selbst.[16] Die dahinterstehenden Fragen – Warum muß der Mensch sterben? Wo komme ich her? Wo gehe ich hin? Wie ist die Welt entstanden? Was kommt nach dem Tod? Warum lebe ich? Gibt es Gott wirklich? – mit all ihren theologischen Bezugspunkten sind bereits Fragen der Kinder (s.o.). Die Erwartungen an das Gottesbild – Gott als direkt eingreifender Helfer und Macher, Garant des Guten, der sich den Menschen unmittelbar offenbart – deuten auf eine Distanzierung von Glaubensvorstellungen der Kindheit, auf nicht bearbeitete Krisen in der religiösen Entwicklung und damit auf eine mangelnde Begleitung in der Reflexion der Gottesfrage seit der Kindheit hin.

Hinzu kommen die gesellschaftlichen Bedingungen gegenwärtiger (religiöser) Sozialisation von Kindern. Heutige Rede von Gott findet in einem Raum weitgehender Distanz zu Inhalt und Anspruch der christlichen Religion statt. So erfahren Kinder bereits früh die Bedeutung der christlichen Religion bis hin zur Existenz Gottes als in Frage gestellt. Der Religionsunterricht darf diese Situation nicht ignorieren, als wäre alles noch wie früher, sondern muß um der Glaub-Würdigkeit des Glaubens willen die Frag-Würdigkeit Gottes zur Sprache bringen (☞ Kap. 2).[17]

Aus diesen Gründen plädiere ich dafür, bereits in der Grundschule die Gottesfrage »an sich« zu thematisieren (☞ Kap. 2) und darüber hinaus die »um die Gottesfrage kreisenden Fragen als Kerncurriculum zu betrachten und ernst zu nehmen.«[18] So wird das Ringen um die Erkenntnis und Erfahrung Gottes zum theologischen Zentrum des Religionsunterrichts, zum Dreh- und Angelpunkt, zu dem der Unterricht immer wieder zurückkommt.

Mit Kindern sich und Gott in der Bibel entdecken – religiöse Sprache lernen

Der hier dargestellte Ansatz bei den Kinderfragen hat natürlich nicht zur Konsequenz, *nur* die von den Kindern direkt angefragten Inhalte zu thematisieren. Eine Konfrontation mit Themen, die den Kindern zunächst fremd sind, wird umgekehrt das Interesse der Kinder wecken und ihnen die Bedeutsamkeit für ihr Leben und ihr Fragen bewußt werden lassen. Vorrangig sind hier erfahrungsbezogene Zugänge zur Bibel zu nennen. Im unmittelbaren Umgang mit biblischen Texten finden sich die Kinder in den Geschichten und Erfahrungen von Menschen früherer Zeit wieder. Sie entdecken dort eine Sprache für ihre Gefühle, Ängste und Hoffnungen, sie erproben Wege des Umgangs mit der eigenen Angst und mit anderen Menschen (☞ Kap. 6 und 9). Elementare und erzählende biblische Texte sind insofern zu bevorzugen.[19]

Besonders im Umgang mit biblischen Texten erweist sich der Religionsunterricht als Sprachunterricht, als religiöse Sprachlehre, die hinführt zur Eigenart, zu Möglichkeiten und Grenzen der Sprache von Bild, Symbol und Metapher.[20] In der ganzheitlichen Auseinandersetzung mit biblischen Sprachformen – etwa mit den Worten der Psalmen (☞ Kap. 6), mit Jesu Rede vom Reich Gottes (☞ Kap. 9) – entwickeln Kinder eine religiöse Sprachkompetenz, die es ihnen ermöglicht, der christlichen Religion und auch anderen Religionen mit mehr innerem Sinn zu begegnen.

All diese Überlegungen sind im Anschluß an Franz W. Niehl zusammengefaßt im Prinzip des »umkreisenden Verstehens«, das eine Weise des Umgangs miteinander und mit den Inhalten des Religionsunterrichts beinhaltet, die tatsächlich den Kindern und den großen Themen gerecht wird:

> »Das umkreisende Verstehen strebt nicht geradlinig ein eindeutiges Ergebnis an. Vielmehr erprobt es die Tragfähigkeit verschiedener Positionen. Es vermeidet dabei die Kategorie ›richtig oder falsch‹ und fragt statt dessen nach Anregungsreichtum und Stimmigkeit.
> Das umkreisende Verstehen betrachtet den Glaubenserwerb als einen offenen Verständigungsprozeß, in dem es vorläufige Klärungen, nicht aber endgültige Resultate gibt.
> Das umkreisende Verstehen vertraut der Kraft der Frage und hütet sich vor der schnellen Antwort. Denn die rasche Antwort stellt den Verstand still; das nachdenkliche Fragen aber rauht die Seele auf.
> Das umkreisende Verstehen berücksichtigt dankbar Einsprüche und Widersprüche. Es respektiert sie und geht produktiv damit um.
> Das umkreisende Verstehen überschreitet kognitives Lernen. Es umfaßt auch ästhetische Wahrnehmung, Fantasie und Einfühlungsvermögen.
> Das umkreisende Verstehen betrachtet den Glauben nicht als Verstandeseinsicht, sondern als ganzheitlichen Prozeß, der verknüpft bleibt mit der Lebensgeschichte.«[21]

Die nun folgenden themenbezogenen Kapitel lassen sich als Entfaltungen unserer unterrichtlichen Suchbewegungen nach dem Prinzip des umkreisenden Verstehens lesen. Entsprechend der Grundentscheidung, die Fragen der Kinder zur Frage des Religionsunterrichts zu machen, steht am Anfang als Basis und immer wiederkehrender Bezugspunkt das Fragen und Suchen nach Gott (☞ Kap. 2), zu dem die Identitätsfrage (☞ Kap. 3) nicht Gegenstück, sondern Entsprechung und Bekräftigung sein will. Am Beispiel der Sonne gehen wir einem Symbol in anderen Religionen und im Christentum unter der Perspektive nach, die fremde und die eigene Religion besser zu verstehen (☞ Kap. 4). Das bewußte Erfahren und Bedenken von Zeit und Stille spiegelt in der expliziten Thematisierung Anliegen und Haltung des gesamten Unterrichts (☞ Kap. 5). Im Umgang mit Psalmworten (☞ Kap. 6) suchen wir verstehende Zugänge zu den Sprachbildern der Bibel und darin zu uns selbst, zu den anderen und zu Gott. Mit Kindern über Sterben und Tod zu sprechen, Worte und Bilder für die christliche Hoffnung auf Auferstehung aufzuspüren (☞ Kap. 7), ist nur im Sinne eines tastenden Verstehens vorstellbar. Unsere Auseinandersetzung mit Erfahrungen des Schuldigwerdens (☞ Kap. 8) ist als ein offener Unterrichtsprozeß zu charakterisieren. Schließlich setzt die Unterrichtsreihe zu alt- und vor allem neutestamentlichen Reich-Gottes-Sätzen (☞ Kap. 9) den an den Psalmen gewonnenen Ansatz im Sinne eines ganzheitlichen Verstehens mit allen Sinnen fort.

Auch die Unterrichtswege des letzten Kapitels – zum kreativen Umgang mit Schöpfungsbildern, zu Vergegenwärtigungen von Himmel und Erde und zu Beziehungen zwischen Klangbildern und Gottesbild (☞ Kap. 10) – suchen und umkreisen Möglichkeiten religiösen Verstehens mit Kindern.

2 Gott in Frage stellen – Gott in Bildern suchen – Gott zur Sprache bringen

Eigene Zugänge und Unterrichtswege zur Gottesfrage

»Die Farbe Lila zeigt: Er hat etwas vor.
Grün zeigt: Er ist froh.
Die Streifen außen zeigen: Er ist heilig.
Die Streifen innen zeigen: Er ist arm, hat Wunden und ist zerkratzt.
Blau zeigt: Es ist Gott.«

Dieses Bild eines Jungen im 4. Schuljahr – gemalt zum Thema »Gott wird Mensch« im Anschluß an die Betrachtung des Bildes »Inkarnation« von Thomas Zacharias[1] – und sein schriftlicher Kommentar stehen gerade aufgrund der Spannung zwischen selbstbewußter Interpretation einerseits und zurückhaltender Abstraktion in Bild und Sprache andererseits exemplarisch für das Ringen um die Erkenntnis und das Geheimnis Gottes im Religionsunterricht mit Kindern.

Aufgrund der zentralen Bedeutung der Gottesfrage im Religionsunterricht (☞ Kap. 1) seien grundsätzliche Überlegungen und unterrichtliche Anregungen hierzu im ersten der thematischen Kapitel vorgestellt. Die Abschnitte des Kapitels öffnen verschiedene, einander ergänzende »Fenster« zur Frage nach Gott und führen jeweils Impulse zur eigenen Auseinandersetzung mit konkreten Anregungen für den Unterricht zusammen. Diese Bausteine können nur mit Blick auf die konkrete Klasse ausgewählt werden. Rückmeldungen von LehrerInnen zufolge, die mit den hier vorgestellten Elementen gearbeitet haben, entwickeln sich gerade bei einer Unterrichtsreihe zur Gottesfrage vorher nicht planbare Lernprozesse.

Der liebe Gott sieht alles

Der liebe Gott sieht alles, sagte Schwester Lioba im Kindergarten. Er sieht alles, er hört alles, er weiß alles.

Der liebe Gott sitzt im Himmel auf einer weißen Wolke. Er hat einen langen Bart. Er hat Augen, die durchdringen die Wände, die können unter Bettdecken sehen, in Nischen, in Keller. Die machen vor nichts halt. Die sehen Tag und Nacht. Die werden nie müde. Das sind keine Augen, das sind Blitze. Die sehen und sehen und sehen.

Der liebe Gott, sagte Schwester Lioba im Kindergarten, kommt zuerst, dann kommt der Papst, dann der Kardinal, dann der Bischof, der Herr Pfarrer als nächster, dann die Schwester Oberin, dann Vater und Mutter, dann kommt ganz lange nichts. Und ganz zum Schluß kommst du, sagte Schwester Lioba im Kindergarten.

Das wußte ich genau: Wer böse ist, tut dem lieben Gott weh. Wer böse ist, macht, daß das Blut vom lieben Heiland wieder fließt. Deine Gnad und Jesu Blut machen allen Schaden gut.

»Ein gutes Kind ißt seinen Teller leer. Ein gutes Kind macht sich nicht schmutzig. Ein gutes Kind nascht nicht. Ein gutes Kind lügt nicht. Ein gutes Kind hebt nicht den Rock hoch und zeigt nicht seine Unterhose. Jeden Abend mußte ich zugeben, daß ich ein böses Kind gewesen war. Deine Gnad und Jesu Blut machen allen Schaden gut, betete ich mit meiner Mutter vor dem Einschlafen.«

»Im Religionsunterricht bei Vikar Wittkamp lernten wir die zehn Gebote auswendig. Wir mußten ein Religionsheft führen. Vikar Wittkamp diktierte das erste Gebot; unsere Hausaufgabe war, ein Bild dazu zu malen. Ich erinnere mich, daß ich einen roten Gott malte mit einem violetten Bart, der saß auf einer *rosa Wolke. Unten auf der Erde standen Menschen, die hatten links auf der Brust ein rotes Herz. Du sollst den Herrn deinen Gott lieben von ganzem Herzen und ganzer Seele und mit deinem ganzen Denken. Als Vikar Wittkamp das Bild sah, wurde er wütend. Das sei kein Gott, das sei ein Teufel, und wie ich es wagen könne, so ein Bild zu malen. Ich versuchte ihm zu erklären, daß Gott doch rot sein müsse, weil das die Farbe der Liebe sei. Aber Vikar Wittkamp winkte ab, machte mich mit einer Handbewegung stumm und schrieb* noch einmal *unter meine Zeichnung.«*

»Ich erinnere mich, daß es zwei Götter gab: den lieben Gott meiner Mutter und den lieben Gott von Schwester Lioba, der auch der von Vikar Wittkamp war. Der liebe Gott Schwester Liobas war der Vater des nickenden Negerkindes aus Gips. Für einen Groschen zehnmal nicken. Der liebe Gott Schwester Liobas war stets darauf bedacht, alles zu sehen, alles zu wissen und alles zu bestrafen. Der liebe Gott Schwester Liobas hatte ewiges Leben und war mächtig und böse.

Der liebe Gott meiner Mutter war der Vater des Schutzengels. Der liebe Gott meiner Mutter war ein freundlicher alter Herr, dem die Himmelsschlüssel aus der Hand gefallen waren und jetzt als Blumen am Sielbach wuchsen. Der liebe Gott meiner Mutter war im Sommer ein leidenschaftlicher Gärtner, und ab September arbeitete er aushilfsweise in der himmlischen Bäckerei, zusammen mit den kleinen pausbackigen Engeln, deren Schicht mit dem Abendrot begann. Meine Mutter kannte alle Sorten der Plätzchen, die dort für Weihnachten gebacken wurden und konnte sie mir aufzählen. Der liebe Gott meiner Mutter wäre niemals auf den Gedanken gekommen, hinter Kindern herzuspionieren, er machte lieber beide Augen zu und schickte den Schutzengel an die rechte Seite meines Bettes, wo er die ganze Nacht Wache hielt. Ich konnte seinen Engelsatem spüren. Der liebe Gott meiner Mutter hatte nur einen Fehler: Er starb, als ich fünf wurde und Schwester Lioba sagte: Seinen einzigen Sohn opferte Gott für die Sünden der Menschen, auch für deine Sünden, und mich dabei ansah.«[2]

Jutta Richters Kindheitserfahrungen mit religiöser Erziehung und Sozialisation stehen stellvertretend für eine Vielzahl autobiographischer Berichte über Fehlformen religiöser Erziehung und Entwicklung[3] und wecken auch bei uns (vielleicht schmerzliche) Kindheitserinnerungen. Jeder Religionspädagoge hat sich mit dieser (eigenen) Vergangenheit auseinanderzusetzen.[4] Im Religionsunterricht treffen Kinder mit ihren mitgebrachten Vorstellungen und Erfahrungen auf Erwachsene mit ihrer religiösen Lerngeschichte. Für eine alle bereichernde Begegnung ist die Aufarbeitung und theologische Kritik der eigenen Religiosität genauso erforderlich wie das Wissen um die religiöse Entwicklung des Kindes.

Der dem Kind hier im Kindergarten und Religionsunterricht vorgestellte strafende Gott ist – entsprechend der Religionskritik Freuds – nichts anderes als ein ins Unermeßliche gesteigerter strenger Vater, der durch seine wörtlich verstandene All-Macht, durch Strafandrohung und Weckung von Schuldgefühlen menschliches Leben kontrolliert und behindert. Diese Gottesvorstellung ist unvereinbar mit dem Gott der jüdisch-christlichen Glaubensgeschichte, der Leben ermöglicht, die Annahme des Menschen nicht an Bedingungen knüpft, bei dem der Zuspruch dem Anspruch vorausgeht.

Die dem Kind angebotene Alternative des privaten Gottesbildes der Mutter, dieser harmlos »liebe«, alle eigenen Wünsche erfüllende Gott mag zwar als Ausgleich zum angstmachenden Gott der offiziellen Kirchenvertreter für die psychische Entwicklung des Kindes günstig gewesen sein: Dem biblischen Gott und der Religionskritik hält dieses Gottesbild – Gott als mein eigener Wille – ebenfalls nicht stand. Negative Auswirkungen auf die Identitätsentwicklung – Selbstüberschätzung oder Abgabe eigener Verantwortung an den alles regelnden Gott – sind auch bei diesem Extrem mögliche Folgen.

So zeigt dieser autobiographische Auszug sehr deutlich die erforderliche Gratwanderung der religiösen Erziehung und Entwicklung zwischen den »Abgründen« einer angstmotivierten Religiosität einerseits und einer wunschbestimmten Religiosität andererseits, die beide auf ihre Weise Gott und dem Menschen nicht gerecht werden.[5]

Unabhängig von dem indiskutablen »Wie« des Gottesbildes ist jedoch die Weise des Umgangs zwischen den Erwachsenen und dem Kind zu kritisieren: Dem Kind *wird* etwas vorgestellt – es darf sich *selbst* nichts vorstellen. Innerhalb einer hierarchischen Ordnung, die das Kind klein macht und Gott zur Legitimation der eigenen Macht an die Spitze stellt, wird »Bescheid« gewußt und gegeben über Gott, sind nachdenkliche Fragen oder eigene Erfahrungen des Kindes nicht vorgesehen. Eine solche statische »Weiter-Gabe«[6] des Glaubens wäre selbst bei einem menschenfreundlichen Gottesbild zum Scheitern verurteilt, weil sie das Kind mit seiner Vorstellungs- und Einbildungskraft, mit seinem Erfahrungs- und Reflexionsvermögen nicht ernst nimmt und nicht erreicht.

Die Überlegungen und Vorstellungen eines Kindes nimmt dagegen der folgende »Kinder-Gedanken-Text« von Susanne Kilian zum Ausgangspunkt, und zwar gerade im Hinblick auf das Sehen Gottes bzw. auf »Gottes Augen«.[7] Denn auch wenn heute in Erziehung und Unterricht hoffentlich nicht mehr mit Gott gedroht wird, bleibt die Ambivalenz der Gott-Metaphern und damit die Notwendigkeit der Auseinandersetzung darüber, was sie bedeuten und was nicht. Dazu kann dieser Text anregen, indem er Gedanken ausspricht, die die Kinder so oder so ähnlich schon einmal gehabt haben.

Gottes Augen

Ihr Nachtgebet mit gefalteten Händen. Wann hat Sabine damit angefangen? An irgendeinem Abend vor langer Zeit. Sie spricht es nicht, denkt es nur. Müde bin ich geh zur Ruh, wenn sie's vergißt, fehlt etwas. Sie kann nicht einschlafen. Das ist so wichtig wie Kopfkissenzurechtboxen und Bettdeckeüberdieschulterziehn. *Schließe beide Augen zu.* Ihre Augen sind offen, und doch ist es, als wären sie geschlossen, um sie herum ist alles dunkel. Sie denkt nichts dabei, denkt die Worte *Vater laß die Augen dein* Abend für Abend ... gedacht sind es nur noch Worte ohne Sinn ... *über meinem Bette sein.* Vaters Augen waren schmal und zornig heute mittag, als sie wieder einmal die Quittung für den Einschreibebrief verloren hatte. Hastig denkt Sabine weiter ... *weg ihr zornigen Vateraugen ...* Hab ich Unrecht heut getan ... auf einmal bekommen die gedankenlos gedachten Worte Inhalt, füllen sich mit Leben wie Kleidungsstücke an einem Körper. Sabine hat die Quittung nicht verloren, sie hat ganz und gar vergessen, überhaupt eine zu verlangen. *Hab ich Unrecht heut getan ...* Sie kommt nicht weiter, wiederholt. *Vater laß die Augen dein über meinem Bette sein ...* und Vaters Augen werden zu Gottes Augen.

Sabine liegt auf dem Rücken mit gefalteten Händen, und das warme Bett ist kein Schutz gegen die kalte Furcht vor diesen Augen, die sie sich vorstellt und die sie sieht, da, über sich in der Dunkelheit.

Gottes Riesenaugen. Die sind über ihrem Bett und sehen sie an. Schwarze Pupillen wie bodenlose Löcher, blauestes Heißersommerhimmelblau, eisiges Schneeweiß mit roten Feueradern und drum herum Wimpern, wispernd wie Schilfbüschel.

Sabine in ihrem Bett dreht sich nach rechts, dreht sich nach links, weg mit diesen Augen, aber sie folgen ihr, wach und aufmerksam, schließen sich nicht, Gottes furchtbare Augen schließen sich nie, sie werden dasein, über ihr, die ganze Nacht, auch wenn sie schläft. *Hab ich Unrecht heut getan, sieh es lieber Gott nicht an, sieh es nicht an,* ganz von selbst geht das Gebet weiter in ihrem Kopf und vertreibt Gottes unheimliche Augen und mit ihnen Sabines schreckliche Angst.

Gottes Augen, ach, Gott hat keine Augen wie ein Mensch. Überhaupt ist er ganz anders. Denkt auch keine Menschengedanken. Plötzlich ist es, als hinge Sabine selbst kopfüber wie eine Fledermaus über ihrem Bett. Da unten liegt sie im Dunkeln, ein kleines Mädchen, das sich bemüht zu begreifen, zu verstehn. Gott ist überall. Ist nie fort, ist immer da, ist ... Sieht nicht mit Menschenaugen und sieht doch. Weiß nicht mit Menschenwissen und weiß doch, weiß alles, bevor Sabine nur einen einzigen Gedanken fassen kann, weiß er schon. Aber Gott. Gott ist Gott. Er versteht alles. Weil er versteht, verzeiht er alles. Gott versteht, daß Sabine wegen der Quittung gelogen hat, weil sie Angst hatte. Ob Gott Angst hat? Nein. Gott hat *keine Angst, aber er hat sie geschaffen, die Angst, denn Gott hat alles geschaffen. Also kennt er die Angst, und er kennt Sabine. Also verzeiht er Sabine.*

Oder?

Oh, Gott.

Heillos verirren sich Sabines Gedanken, sie begreift und versteht immer weniger, je mehr sie nachdenkt. Sie ist so müde davon, versucht nichts mehr zu denken, weder Gott noch sonst etwas, gar nichts. »Ich kann es nicht begreifen, weil ich ... ich bin ein Kind. Ich werde erwachsen«, denkt sie noch und kuschelt sich in der warmen Geborgenheit ihres Bettes zurecht, »dann ...«

Was ist Sprache?

> »Von Gott kann man nicht sprechen,
> wenn man nicht weiß, was Sprache ist.«
> *Günter Eich*

Wenn wir von Gott sprechen, pendeln wir immer zwischen den Grenzen und Möglichkeiten von Sprache allgemein. Sprache kann bereits die konkret faßbare Wirklichkeit nicht »abbilden«. Dazu sind sowohl die Realität und unsere Wahrnehmung zu komplex und vielschichtig als auch die Sprache zu mehrdeutig und subjektiv. Kinder spüren das und wundern sich (noch) darüber: »Woher kommen die Namen?« »Kriegen die Gegenstände von uns den richtigen Namen?« »Wieso heißt Gott Gott und nicht Mensch?« (☞ Kap. 1). Doch die Sprache ist notwendig zur Verständigung und Kommunikation zwischen Menschen. Gerade durch ihre Mehrdeutigkeit eröffnet sie – etwa in Gedichten oder Geschichten – Möglichkeiten, das Unsagbare zu sagen, indem sie es gerade nicht direkt benennt, sondern erzählend umkreist.

Gerade in einer Zeit, in der Sprache oft als technisches Instrument reiner Informationsvermittlung oder -verschleierung mißbraucht wird, ist es mit Blick auf das Sprechen von Gott notwendig, daß Kinder sich dieser Grenzen und Möglichkeiten von Sprache bewußt werden.[8] Martin Auers »Tischrede«[9] bietet hier einen vorzüglichen Gesprächseinstieg zum »Philosophieren« über Sprache:

TISCHrede

Hast du schon einmal über einen TISCH nachgedacht?
Zum Beispiel, was den TISCH denn zum TISCH gerade macht?
Was macht ihn so TISCHIG, so TISCHARTIG, TISCHHAFT?
Eine geheimnisvolle TISCHKRAFT?
Und TISCHT ein TISCH eigentlich, oder wird er GETISCHT?
Und VERTISCHT er, wenn seine TISCHHEIT erlischt?
Und machst du so weiter mit TISCH, bis du döst,
hat plötzlich TISCH von dem Ding sich gelöst.
Und fragst du dich: »Wieso denn eigentlich TISCH?
Und TISCH klingt so fremd, TISCH klingt so frisch.
Und du bist ganz erstaunt, weil du ganz sicher weißt,
daß TISCH eigentlich überhaupt nichts »heißt«.
Dafür steht in deinem Zimmer ganz dumm
ein gänzlich Namenloses herum.
So fremd und unheimlich unbekannt,
ganz stumm, unbegreifbar und unbenannt,
fast unsichtbar, gar nicht richtig da …

Und dann, dann sagst du auf einmal: »Aha,
das ist ja der TISCH!« Und es schnappt wieder ein.
»Der Tisch, na klar, was sonst soll es sein?«

Indem Auer spielerisch-poetisch die Relativität von Sprache, ihre Gebundenheit an die Übereinkunft zwischen Menschen, ihre potentielle Fremdheit und Absurdität enthüllt, weckt er Fragen beim Hörer: Warum heißt etwas so, wie es heißt? Wie konnten die Menschen die Sprache erfinden, wenn sie noch nicht sprechen konnten? Gäbe es die Dinge, wenn sie keinen Namen hätten? Welches Verhältnis besteht zwischen einem Wort und dem, was es benennt? Wie ist das bei Namen von Menschen? Wäre ich noch ich, wenn ich einen anderen Namen hätte?

Auf Peter Bichsels eher pädagogische Kindergeschichte »Ein Tisch ist ein Tisch«[10] sei hier nur hingewiesen: Sie setzt ebenfalls bei der Beliebigkeit der Benennung der Dinge an, zeigt aber die Notwendigkeit von Sprache für das Zusammenleben: Das anfangs lustige Spiel der Umbenennung endet in der totalen Isolation und Einsamkeit des Mannes.

Gott zur Sprache bringen

> »Von Schöpfer und Geschöpf kann keine Ähnlichkeit ausgesagt werden,
> ohne daß sie eine größere Unähnlichkeit zwischen beiden einschlösse.«
> *IV. Laterankonzil 1215, NR280*

Die Möglichkeiten und Grenzen der Rede von Gott werden in dieser Aussage, die in der Vergangenheit mehr Beachtung verdient gehabt hätte, theologisch auf den Punkt gebracht. Jedes menschliche Reden von Gott ist zugleich möglich und notwendig, jedoch unzulänglich: Gott ist immer anders. In der jüdisch-christlichen Glaubensgeschichte ist diese unaufhebbare Spannung, der letztliche Vorbehalt bei jeder notwendigen sprachlichen Vermittlung tief verwurzelt: Gott hat den Menschen nach seinem Bild erschaffen, doch es gilt das Verbot, sich von Gott ein Abbild zu machen. Der Name Jahwes ist unausprechlich, sein Gesicht unanschaubar, doch es fasziniert die Rede von Gott in vielfältigen Bildern. Der Glaube der Christen an Jesus Christus als Bild des unsichtbaren Gottes löst diese Spannung nicht auf, sondern unterstreicht sie so wie Jesu eigene bilderreiche, erzählende Rede von Gott und Gottes Reich.

Zur unmittelbaren Thematisierung dieser Spannung zwischen Möglichkeiten und Grenzen der Gotteserkenntnis im Unterricht eignet sich die Geschichte von den Blinden und dem Elefanten.[11]

Die Blinden und die Sache mit dem Elefanten

In einer großen Stadt waren alle Einwohner blind. Eines Tages besuchte ein König dieses Gebiet und lagerte mit seinem Gefolge in der Wüste vor der Stadt. Er besaß einen großen Elefanten, den alle Menschen bewunderten, die ihn sahen.

Auch die Blinden wollten den Elefanten kennenlernen, und eine Anzahl von ihnen eilte – wie Narren – zu ihm, um seine Gestalt und Form festzustellen. Da sie ihn ja nicht sehen konnten, tasteten sie ihn mit ihren Händen ab. Jeder berührte irgendeines seiner Glieder, gewann davon eine Vorstellung und bildete sich ein, etwas zu wissen, weil er einen Teil fühlen konnte.

Als sie in die Stadt zurückkehrten, erzählten sie den neugierigen und zurückgebliebenen Menschen etwas über das Aussehen und die Gestalt des Elefanten: Einer, der das Ohr des Elefanten betastet hatte, meinte: »Er ist ein großes, rauhes Etwas, breit und weit wie eine Decke.« Einer, der den Rüssel betastet hatte, meinte: »Er ist lang und innen hohl, wie eine Röhre.« Und der, der die dicken Beine gefühlt hatte, sprach: »Soweit ich erkennen konnte, ist er mächtig und fest wie eine Säule.«

Es ist erstaunlich, wie diese Geschichte schon den Kindern im 2. Schuljahr Sprache verleiht, um das Verhältnis der Menschen zu Gott zu beschreiben. Die den Kindern erst später erzählte Deutung der Geschichte faßt dann nur zusammen, was die Kinder in ihren Worten bereits gesagt haben.

Seit sehr langer Zeit erzählen sich Menschen diese Geschichte und fügen ihr am Ende eine Deutung hinzu:
Jeder hatte nur einen Teil des Ganzen betastet. Keiner begriff das Ganze. Alle hatten irgendeine Vorstellung und versuchten, diese in Worte zu fassen. Genauso wie die Blinden vor dem Elefanten stehen wir Menschen vor Gott. Ratlos, Gott ganz zu begreifen, aber dennoch auf den Versuch verwiesen, ihn teilweise zu beschreiben.

Auch Leo Lionnis bekannte Geschichte »Fisch ist Fisch«[12] ist auf die Möglichkeiten und Grenzen der Gotteserkenntnis hin zu erzählen: Die Kaulquappe verläßt als Frosch ihren Freund, den Fisch, geht an Land und erzählt später dem Fisch von der neuen Welt. Der Fisch stellt sich alles – Vögel, Kühe und Menschen – »fischähnlich« vor. Genauso stellen wir uns Gott »menschenähnlich« vor!
Die Andersartigkeit und Ebenbildlichkeit Gottes gegenüber uns Menschen beschäftigt die Kinder ungemein. Ich erinnere mich an ein recht stilles Mädchen, das im Rahmen einer Unterrichtsreihe immer wieder ihre Gottesvorstellungen einbrachte, dann aber relativierte (nicht zurücknahm) mit dem Nachsatz: »aber eigentlich ist der ja ganz anders!«

Glaubwürdige Rede vom Glauben an Gott – religiöses Lernen auf Glauben hin

Kinder begegnen dem christlichen Glauben heute zumeist nur in Teilbereichen ihres Lebens, in ausgewiesenen Räumen wie der Kirche, ggf. der Schule und Familie. Schon früh erfahren sie Infragestellungen des Glaubens (☞ Kap. 1). Um so dringlicher müssen im Religionsunterricht Glaubensaussagen eben als Glaubensüberzeugungen erkennbar sein. Wie reagieren wir auf die Infragestellungen des Glaubens an Gott? Hans Zirker hat hierzu eine Reihe von Möglichkeiten aufgeführt, die sich als Kriterien zur Überprüfung der Rede von Gott in Religionsbüchern wie auch zur Sensibilisierung für das eigene Sprechen von Gott als fruchtbar erweisen.[13] Im folgenden seien sie – von mir etwas erweitert und mit jeweils einem Beispiel zur Rede von Gott als Schöpfer versehen – in Stichworten zusammengefaßt.

A. Mißachtung der Frag-Würdigkeit des Glaubens an Gott
(keine Problematisierung / keine argumentative Begründung)

1. *»Gott hat die Welt erschaffen.«*
   Reine Aussageform: unbestreitbare, scheinbar objektive Information
2. *»Wir glauben an Gott, den Schöpfer des Himmels und der Erde.«*
   Bekenntnisform: keine Rechtfertigung, aber Angabe des sozialen Ortes dieser Aussage
3. *»Gott hat sich den Menschen als Schöpfer der Welt geoffenbart.«*
   Berufung auf »Offenbarung«: zwar Angabe des Glaubensgrundes, aber dieser ist selbst Gegenstand des Glaubens

B. Beachtung der Frag-Würdigkeit des Glaubens an Gott

1. Argumentative Rechtfertigungsversuche
   a) »Das Leben auf der Erde kann nicht nur durch Zufall entstanden sein.«
   Indirekt durch Entwertung denkbarer Alternativen
   b) »Die Israeliten hatten Jahwe als ihren Retter erfahren, der sie aus der Gefangenschaft in Ägypten zu einem neuen Leben befreite, und waren sich sicher, daß von ihm alles Leben kommt, daß er der Schöpfer allen Lebens ist.«
   Direkt durch Angabe positiver Gründe für die Glaubenszustimmung
2. *»Als die Israeliten erkannten, wie sehr sie Jahwe ihr ganzes Leben verdankten, faßten sie neuen Mut und fanden Kraft zum Leben.«*
   Stimmige, zur Zustimmung motivierende Darstellung der Glaubensinhalte
3. *»Ich als Christ glaube, daß Gott der Schöpfer allen Lebens ist und daß auch ich ihm mein Leben verdanke.« – »Die Augen der Wissenschaft erklären, wie eins aus dem anderen hervorging. Die Augen des Glaubens sehen, wie alles aus der Hand Gottes hervorging«* (nach Halbfas).
   Beachtung der Eigenart und des »Vorbehalts« jeder Glaubensaussage und der dahinterstehenden persönlichen Überzeugung
4. *»Der Mensch hat sich schon immer gefragt: Wer bin ich? Wo komme ich her und wohin gehe ich? Schon früh hat er versucht, von seinen Erfahrungen in Bildern zu erzählen …«*
   Erzählende, metaphorische, Fragen eröffnende Sprache voller Bilder und Symbole anstatt begrifflich festgelegter, beantwortender Rede von Gott

Je mehr die Kinder Gott bzw. den Glauben an ihn als »der Frage würdig« erfahren, desto glaubwürdiger und tragfähiger wird ihnen der Glaube begegnen.

An dieser Stelle ist mit Jürgen Werbick die Frage nach dem Verhältnis zwischen Glauben und Lernen anzusprechen.[14] Ist der Glaube überhaupt erlernbar? Wird Glauben nicht oft – und gerade im Umgang mit Kindern – kognitiv verkürzt als ein Für-wahr-Halten von etwas Gelerntem verstanden? Oder ist er ausschließlich unverfügbares Geschenk der Gnade Gottes? Welche Rolle spielt die Überzeugung und Entscheidung des Menschen? Werbick bringt sowohl die Unverfügbarkeit der Gnade Gottes und die Glaubensentscheidung des Menschen als auch das Mit-hervorgebracht-Werden durch gemeinschaftliches Lernen auf Glauben hin zur Geltung: »Der Glaube wird nicht von Lernprozessen erzeugt; aber er ereignet sich im Kontext menschlicher Lern- und Reifungsprozesse.«[15] Zu lernen ist, wo die Glaubensentscheidung fällt (nämlich in der Frage, ob ich mich auf den Gott der Liebe verlassen kann), was der Glaube für mein Leben bedeuten kann, was mit dem Glauben unvereinbar ist und was die Symbole des Glaubens zu denken, hoffen und tun geben. Aufgabe des Religionsunterrichts ist von daher die Öffnung des Lernens auf einen unverfügbaren Sinn, die Eröffnung von Kommunikationsprozessen auf Glauben hin, nicht durch inhaltliche Information, sondern durch das Zur-Sprache-Bringen der Inhalte des christlichen Glaubens im Kontext der genannten Lernprozesse.

Ein »Glaubens-Gespräch« mit Kindern können die folgenden Fragen anregen, die gründlich durchdacht sein wollen, die an verschiedenen Beispielen bejaht bzw. verneint werden können und die auch auf Gott bezogen werden können.

»Kannst du etwas wissen, ohne es zu glauben?
Kannst du etwas glauben, ohne es zu wissen?
Kannst du etwas verstehen, ohne es zu glauben?
Kannst du an etwas glauben, ohne es zu verstehen?
Kannst du etwas glauben, an dem du zweifelst?
Kannst du an etwas zweifeln, an das du glaubst?«[16]

Gott-Metaphern als Herausforderung der Vorstellungs- und Einbildungskraft des Kindes

Die Rede von Gott – ob in der Bibel früher, ob unsere heute – ist wie die gesamte religiöse Sprache eine Rede in Metaphern. Metaphorische Rede unterliegt den Grenzen der Sprache – sie bildet Gott nicht ab – und eröffnet ungeahnte Möglichkeiten: »Metaphern bilden das Gemeinte dem Vorstellen, Denken und Sprechen ein.«[17] Sie dienen nicht der »nur« bildlichen, ansprechenden Veranschaulichung, sind nicht eine Form uneigentlicher (unwirklicher) Rede, legen nicht wie der Begriff das Gemeinte fest. Sie eröffnen ein »Mehr« an Bedeutung, sagen etwas Neues, das anders nicht so angemessen ausgedrückt werden kann, und sind unübersetzbar. Die Metapher provoziert die Auseinandersetzung in Form von Zustimmung und Ablehnung, das Weiterfragen, die Suche nach neuen Umschreibungen. Welche Metaphern, welche Bilder, welche Vorstellungen bringe ich mit Gott zusammen? Wie bringe ich mich selbst, meine Ängste und Hoffnungen im Sprechen von Gott zur Sprache?

»Ein Religionsunterricht, der zum Gott-Verstehen und zum Sich-Selbst-Verstehen im Medium zentraler Gott-Metaphern der Offenbarungsgeschichte hinführen ... will, der muß auf die Aktivierung der Imagination und der Intuition setzen; der muß die Gott-Metaphern (und Gott- bzw. Reich-Gottes-Gleichnisse) als Herausforderung der Vorstellungs- und Einbildungskraft erschließen – und dies bereits im Grundschulunterricht.«[18]

Als Versuch der Realisierung dieses Anspruchs sind die folgenden Unterrichtsbausteine zu sehen, deren Einsatzmöglichkeiten ich in Stichworten skizziere und vor dem Hintergrund von Unterrichtserfahrungen in einer Reihe von Klassen kommentiere.

■ **Mose am brennenden Dornbusch (Ex 3,1-15): Gott im Feuer – Der Name Jahwes als »Bild«**
- Hören der biblischen Erzählung,
- Auseinandersetzung: Was hat Mose »gesehen«, was hat er gefühlt? Was heißt der Name »Ich bin der Ich-bin-da«?
- Anschreiben des Namen Jahwes in hebräischer Schrift,
- Suchen eigener Umschreibungen des Namens Gottes in Sätzen,
- Singen des Liedes »Du bist der ICH-BIN-DA«[19] (☞ Seite 36): In welchen Bildern ist von Gott die Rede? »Ist« Gott wirklich Vater, Mutter, Schwester, Bruder? Inwiefern ist er es, inwiefern nicht?
- Bildbetrachtung (Folie auf OHP): Chagall-Radierung zu Mose am Dornbusch[20]; zunächst den Dornbusch mit dem Jahwe-Symbol abdecken:
  a) Konzentration auf Mose / Entdecken der »Doppelgesichtigkeit« aufgrund der »zwei« linken Augen von Mose (Augen geschlossen: ergriffen und in sich gekehrt / Augen nach oben gerichtet: erschrocken und außer sich),
  b) Aufmerksamkeit für das nicht Sichtbare: Was wird der Maler dort gemalt haben?
  Gesamtbild: Wiedererkennen des Jahwe-Namens im Symbol Sonne,
- farbliche Gestaltung der Radierung: Wähle die Farben bewußt!

Von der jüdisch-christlichen Glaubensgeschichte her ist Gott kein statischer Begriff, sondern ein Leben schaffendes Ereignis: Der Name »Jahwe« ist programmatisch. In diesem hebräischen Wort kommt Gegenwärtiges und Zukünftiges zusammen: »Ich bin der Ich-werde-dasein« – »Ich werde dasein als der Ich-bin-da«. Kinder spüren von der Erzählung her: Dieser Gott ist nicht so einfach anschaubar oder durchschaubar. Sie sind sich nach unseren Erfahrungen einig, daß andere, wären sie dabei gewesen, oder eine mitlaufende Videokamera nichts hätten hören und sehen können. Das Geschehen spielte sich nach ihrer Einschätzung »in ihm drin« ab. So waren es auch Kinder, die uns auf den nach innen gerichteten Blick des Mose auf der Radierung aufmerksam machten, ein Detail, das uns bis dahin entgangen war.

Du bist der ICH-BIN-DA (Kanon)

Text: Rolf Krenzer
Musik: Ludger Edelkötter

Du bist Va – ter und Mut – ter,
Schwes – ter und Bru – der. Du bist der
ICH – BIN – DA.

2. Du bist gestern und morgen,
   nah und verborgen.
   Du bist der ICH-BIN-DA.

3. Du bist laut und ganz leise,
   Hunger und Speise.
   Du bist der ICH-BIN-DA.

4. Du bist Arche und Steuer,
   Wasser und Feuer.
   Du bist der ICH-BIN-DA.

5. Du bist Sehnsucht und Friede,
   Treue und Liebe.
   Du bist der ICH-BIN-DA.

6. Laßt uns loben und preisen,
   Ihm Ehre erweisen.
   Hal-le-lu-ja.

7. Hallelu - halleluja
   halle - halleluja
   Hal-le-lu-ja.

■ **Elija am Berg Horeb (1 Kön 19,1-13a):**
Gott und sich selbst in der Stille erfahren

– Hören und Bedenken der Geschichte (☞ Bibeltext): Vergleich mit der Gotteserfahrung Moses (im Feuer), was heißt »Gott im leisen Säuseln«?
– Klangliches Nachgestalten und -empfinden der nochmals erzählten Geschichte
  mit Orff'schen Instrumenten (Sturm, Erdbeben, Feuer und Stille), dazu wählt
  jedes Kind ein Instrument,
– Malen eines eigenen Stille-Bildes (☞ Abb.): zur Verfügung steht ein Malblatt
  (DIN-A-5) mit einem vorgezeichneten Rahmen, der Bildüberschrift »Die Stille«
  und dem Zusatz »ein Bild von …«, fest steht nur der Bildtitel, der direkte Bezug
  zur Bibelstelle ist möglich, aber nicht notwendig,
– Betrachtung und Gespräch: Jedes Kind darf zu seinem Bild etwas sagen und,
  wenn es das möchte, Fragen anderer Kinder zu seinem Bild beantworten.
  Manchmal können andere Kinder auch viel besser etwas zum Bild sagen, Neues
  entdecken …!
– Binden der Bilder als unser Stille-Buch.

DIE STILLE

Auch ohne Erfahrungen im Umgang mit Orff-Instrumenten ist es möglich, sich durch das klangliche Nachempfinden in diese biblische Geschichte einzufühlen und in ihr eine neue Dimension zu entdecken. Die Stille-Bilder der Kinder führen diesen Ansatz fort und bringen Stille-Erfahrungen der Kinder mit der biblischen Geschichte und der in ihr erzählten Gotteserfahrung zusammen. Auch wenn sich nur wenige Bilder der Kinder auf die Geschichte direkt beziehen, so leben sie doch von dieser: Die Kinder malten farbige, symmetrische Muster mit großer Tiefe (oft Mandalas) und Naturmotive, ebenfalls häufig mit ruhiger Zentralperspektive (Sonnenuntergang, Baum, Berg mit Fluß, Mond und Sterne, Blätter, Früchte, eine Blume, Schmetterlinge). Ein Mädchen im 2. Schuljahr wollte zeigen, »wie sie sich das mit Gott vorstellt«, und malte auf dem weißen Papier mit weißem Farbstift (!) fast unsichtbar viele einzelne Augen, Ohren und Hände. Dieses Bild war ihr auch etwa ein Jahr später noch so gegenwärtig, daß sie es genau beschreiben konnte.

■ Gott in Bildern suchen

- Arbeit mit einer Bildersammlung: Auslegen von Fotos (Hand, Auge, Natur, Menschen …), Gottesbildern der Kunst und Kinderzeichnungen, die das Tun oder Eigenschaften Gottes thematisieren,[21]
- Betrachten und Auswählen je eines Bildes bei ruhiger Musik: »Wähle ein Bild, das etwas von Gott zeigt oder mit dem du etwas von Gott zeigen kannst!«
- Vorstellen der Bilder mit je einem erläuternden Satz,
- Resümee: die Bilder »zeigen« nur einen winzigen Ausschnitt von Gott!

Die Arbeit mit der Bildersammlung haben wir immer wieder als besonders bereichernd erfahren: Den Kindern fällt es leichter, über die Bilder ihre Vorstellungen zu verbalisieren. Sie sind sich darüber klar, daß die Bilder nicht Gott selbst zeigen, sondern mit ihnen etwas von Gott deutlicher gezeigt werden kann. Sie entdecken, daß es keine »richtigen« und »falschen« Bilder gibt, sondern alle *ihre* Bilder auswählen. Bereits im 2. Schuljahr haben wir die Übung variiert, indem wir die Kinder Bilder aussuchen ließen, die etwas zeigten, was sie früher als kleines Kind mit Gott zusammengebracht haben, was jetzt aber nicht mehr ihren Vorstellungen entspricht. So konnten sich die Kinder ihrer eigenen religiösen Entwicklung bewußt werden und vorwegnehmen, daß sich mit zunehmendem Alter ihre Vorstellungen weiter verändern werden.

■ Klangbilder und Gottesbilder: ☞ Kap. 10, Umgang mit Musik

Die hier angeregten Möglichkeiten zur direkten Thematisierung stehen stellvertretend für eine hohe Sensibilität des Religionsunterrichts für die Gottesfrage innerhalb aller Themenbereiche. Indem der Religionsunterricht an den Gottes-Metaphern entlang die eigene Vorstellungs- und Einbildungskraft, das eigene Denken und Weiterfragen, den eigenen schöpferischen Ausdruck herausfordert, kann er einen Schritt zum Gott-Verstehen und zum Sich-Selbst-Verstehen gehen und die religiöse Entwicklung der Kinder stärkend und stimulierend begleiten.

3 Ich bin und weiß nicht wer ...

Ich-Fremdheit und Ich-Stärkung – Nachdenken und Staunen über sich selbst

Ich bin und weiß nicht wer.
Ich komm', weiß nicht woher.
Ich geh', weiß nicht wohin.
Mich wundert, daß ich so fröhlich bin!

Wenn ich wüßte, wer ich bin.
Wenn ich ging und wüßte wohin.
Wenn ich käm und wüßte woher.
Ob ich dann wohl traurig wär?

Dieser (auch als Unterrichtseinstieg geeignete) Liedtext von Mario Hené[1] verdeutlicht Inhalt und Intention dieses Kapitels. In Form konkreter Unterrichtselemente möchte ich die Bedeutung des Nachdenkens und Staunens über sich selbst – über Fragen nach der eigenen Identität, über Erfahrungen von Ich-Fremdheit und Ich-Findung, über eigene Möglichkeiten und Grenzen – in religiösen Lernprozessen herausstellen.[2] Was hier exemplarisch durch direkte Thematisierung angeregt wird, steht für das Bemühen um Ich-Stärkung und eine positive Lebenseinstellung (Grundvertrauen) im gesamten Religionsunterricht. Nach Eriksons Theorie der Identitätsentwicklung[3] ist die Sicht der eigenen Identität von Lebensbeginn an von entscheidender Bedeutung für die Persönlichkeitsentwicklung und wird in den verschiedenen Lebensphasen jeweils neu akzentuiert. Die frühen Identitäts-Bestimmungen – »Ich bin, was man mir gibt« im Säuglingsalter, »Ich bin, was ich will« in der frühen Kindheit und »Ich bin, was ich mir zu werden vorstellen kann« im Spielalter – werden im Grundschulalter neu thematisiert, beantwortet und ergänzt um den Aspekt »Ich bin, was ich lerne«. Doch auch die zentrale Sicht des Jugendalters – »Ich bin, was ich von mir halte und was andere von mir halten« – spielt bereits in der Grundschulzeit eine Rolle. Schon früh stellen Kinder tiefgründige Identitätsfragen: Wer bin ich eigentlich? Wieso bin ich so, wie ich bin? Warum bin ich? (☞ Kap. 1).

Ein solches Nachdenken über sich selbst aktiviert und provoziert Annemarie Wietigs Kindergedankentext »Wer bin ich?«[4] einfühlsam und originell:

Wer bin ich?

Mit dem beliebtesten australischen Beuteltier könnte mein Vater kein Interview machen. Mit einem Kugelfisch auch nicht. Mein Vater könnte wohl fragen: »Wer bist du?« Aber niemals würde das australische Beuteltier antworten. Niemals würde es sagen: »Ich bin das beliebteste australische Beuteltier«, und niemals würde der Kugelfisch sagen: »Ich bin der unvorstellbar herrlich lila gestreifte Kugelfisch, der in den Tiefen des Indischen Ozeans zu Hause ist.«

Mit dir aber könnte mein Vater ein Interview machen. Dir könnte er Fragen stellen, die dich, deine Person, dein Ich betreffen, und du könntest antworten.

Mein Vater hat schon viele Leute interviewt. Jetzt hat er vor, im Kinderstudio eines Fernsehens Interviews mit Kindern zu machen. Mein Bruder und ich können bei einer der Sendungen auch dabeisein, hat er gesagt. Ich weiß noch nicht, ob ich Lust habe. Hast du schon mal über dich selbst nachgedacht?

Ich bin ich, das weiß ich. Ich bin ich, weil ich ich bin. Ich stehe morgens auf, ich esse, ich gehe aus dem Haus, ich gehe zur Schule, ich lerne, ich spiele, ich tue dies, ich tue das, und ich erinnere mich. Das ist sehr wichtig, glaube ich. Denn meine Erinnerungen gehören zu meinem Ich. Für diese Fähigkeit kann ich gar nicht dankbar genug sein; denn wenn ich nicht die Fähigkeit hätte, mich zu erinnern, dann könnte ich weder sprechen noch lesen, dann ginge es mir wie dem beliebtesten australischen Beuteltier.

Ich erinnere mich aber nicht an alles, was ich erlebt habe. Ich weiß, daß ich geboren wurde, aber ich kann mich nicht an meine Geburt erinnern. Ich weiß, daß ich laufen lernte – meine Mutter sagt, daß ich ein Jahr alt war, als ich zu laufen begann –, aber ich erinnere mich nicht daran. Ich weiß, daß ich irgendwann sprechen lernte, daß ich irgendwann lernte, ich zu sagen, aber ich kann mich nicht an mein erstes gesagtes Ich erinnern.

Ich kann mich daran erinnern, daß ich zur Schule kam. Ich kann mich daran erinnern, daß ich im ersten Schuljahr versuchte, Kärtchen mit Bildern aneinanderzusetzen, Kärtchen mit Worten, daß ich versuchte, Buchstaben zu krakeln, daß ich Buchstaben aneinanderreihte, daß ich zu lesen versuchte, daß ich mich übte im Lesen. Heute lese ich fließend. Ich lese viel. Ich weiß aber, ich erinnere mich, daß ich früher manchmal dachte: Was ist denn das für ein Wort? Wie heißt das Wort? Elektronengehirn hieß das Wort vielleicht oder Küstenmotorschiff.

Ich bin. Ich bin ich. Ich bin nicht du. Ich bin, obwohl ich nicht du bin, auch ein Du; denn wenn meine Mutter mich fragt: »Hast du deine Schularbeiten schon gemacht?«, dann bin ich das Du, das gemeint ist, dann bin ich das Du, das angesprochen wird.

Ich bin ich. Ich bin aber auch ein Sohn meiner Eltern, der Bruder meines Bruders, ein Enkel meiner Großeltern, ein Urenkel meiner Urgroßmutter. Ich bin ein Schüler, ein Schulkamerad, ein Freund meines Freundes. Ich heiße Thilo. Seit ich denken kann (und auch schon vorher), heiße ich Thilo. Ich bin, seit ich lebe.

Ich bin zu Hause in einem Haus. Zwischen dem Haus und der Straße liegt unser Garten, und ich brauche gar nicht in unseren Garten zu gehen, um ihn zu sehen. Ich kann die Augen zumachen, und mit geschlossenen Augen sehe ich unseren Garten. Das ist sehr merkwürdig. Das ist geheimnisvoll. Mit geschlossenen Augen sehe ich Bäume und Blumen und Gras, und ich sehe Farben, Grün und Rot und Blau und Gelb, und ich habe in mir viele Worte und Vorstellungen gesammelt, die zum Begriff Garten gehören.

Nachts schlafe ich in meinem Bett. Mein Bett steht in meinem Zimmer, in einer Wohnung, in einem Haus, in einer Stadt, in einem Land, in einem Erdteil. Mein Bett steht nicht auf dem Mond, sondern auf der Erde. Die Erde ist rund, ein riesiger Ball. Der Mond auch. Ich bin nicht rund. Runde Menschen gibt es nicht.

In meinem Taschenbuch steht, daß ungefähr vier Milliarden Menschen auf der Erde leben. Vier Milliarden! Die Zahl kann ich gar nicht denken. Ich kann sie schreiben, hier ist sie: 4 000 000 000. Eine 4 mit neun Nullen. Vier Milliarden Menschen, und jeder einzelne ist ein Ich, und alle zusammen sind wir wir.

Ich bin ich. Ich bin nicht wir. Nie kann ein einzelnes Ich wir sein. Zwei Ichs sind aber schon ein Wir. Vier Milliarden Menschen – und du bist einer davon, und ich bin einer davon, und alle zusammen sind wir eine Familie. Die Menschheit ist die Familie Mensch.

Ich bin ich. Ich heiße Thilo Mensch. Ich habe natürlich noch einen anderen Nachnamen, genau wie du, wie ihr, wie wir alle, aber Mensch ist der wichtigere.

Thilos Überlegungen lassen Kinder eigene Gedanken wiedererkennen und verleihen ihnen Sprache: Gedanken über Seinsunterschiede zwischen Mensch und Tier, über Kindheitserinnerungen, über die Fremdheit von Sprache, über das Ich als ein Du, über das Ich und seine Rollen, über die Welt in unserem Kopf, über das Ich auf der Erde und im Universum, über die unzählig vielen anderen Ichs.

Einige Kinderäußerungen (3. Schuljahr) zu diesem Text mögen das verdeutlichen. Wir lasen den Kindern Thilos Überlegungen in Abschnitten (wie oben) vor – jeweils eröffnet und abgeschlossen durch einen langen Ton der Klangschale – und gaben ihnen dazwischen Raum, eigene Gedanken auszusprechen:
»Die Fragen ›Wer bin ich?‹ und ›Wie wäre es, wenn ich nicht da wäre?‹ habe ich mir auch schon oft gestellt.«

»Früher konnte ich überhaupt nichts und heute viel.«

»Ich weiß, daß ich geboren bin, aber ich kann mich nicht daran erinnern.«

R.O.: »Kann einer sagen, wo die Gedanken und Erinnerungen bleiben?«

»Die sind tief in uns drin.«

»Man hat so viele Gedanken im Kopf, daß man sie irgendwo hinpackt. Später kommen sie wieder. Die Gedanken, die einem wichtig sind, die drängen sich vor, die stellen sich nicht hinten an.«

»Man denkt, die Erinnerungen sind nicht da, aber sie sind doch da.«

»Ich denke manchmal: Wer bin ich? Kann es auch sein, daß ich jemand anders bin?«

»Wenn ich gerade einschlafe und die Augen zumache, dann sehe ich auch vieles.«

»Wenn man etwas gut kennt und die Augen zumacht, dann sieht man das ganz deutlich.«

»Vier Milliarden Menschen: das muß man sich erst einmal vorstellen!«

»Daß man Mensch ist und daß man einen Vornamen hat, das sind die beiden wichtigsten Namen!«

»Was Thilo sagt, ist ein bißchen so wie ein Gebet.«

Auf eher hintergründigem Weg »weckt« Martin Auer mit seinem Gedicht »Zufall« Fragen nach dem Rätsel der Identität.[5]

Zufall

Wenn statt mir jemand anderer
auf die Welt gekommen wär'.
Vielleicht meine Schwester
oder mein Bruder
oder irgendein fremdes böses Luder –
wie wär' die Welt dann,
ohne mich?
Und wo wäre denn dann ich?
Und würd' mich irgendwer vermissen?
Es tät ja keiner von mir wissen.
Statt mir wäre hier ein ganz anderes Kind,
würde bei meinen Eltern leben
und hätte mein ganzes Spielzeug im Spind.
Ja, sie hätten ihm sogar
meinen Namen gegeben!

Die Annäherung an Identitätsfragen über Erfahrungen der Ich-Fremdheit sehe ich als religionspädagogisch vielversprechend an: Indem das Kind »mit fremdem Blick«[6] sein »Ich« betrachtet, kann es seine Einmaligkeit erkennen und über das Wunder der Individualität des Menschen staunen. So auch bei diesem

Gedicht. Das Geheimnis, daß es ausgerechnet zu diesem »Ich« wurde, läßt es hinterfragen, ob das aus »Zufall« geschehen konnte. Und überlegen wir mit den Kindern weiter: Ich konnte nur zu diesem Ich werden, weil meine Eltern so geworden sind, wie sie sind, und diese nur, weil meine Großeltern so wurden … Diese schwindelerregende Gedankenkette läßt sich – gerade mit Kindern – weiterführen bis hin zu den »ersten« Menschen und zur Erschaffung der Welt und des Universums, von der ja selbst Physiker unserer Zeit behaupten, sie könne unmöglich durch »Zufall« entstanden sein.[7]

Ist beim Gedicht von Auer die Perspektive von außen auf das »Ich« dominant, verfremdet Susanne Kilian den Blick durch die Sicht ins »Innere«.[8]

Innendrin

Langsam beschlägt der Spiegel. Ganz heiß und naß und rot vom Baden steht Dieter davor und betrachtet sein Spiegelbild. Die schmale Jungsbrust, den flachen Bauch, die zerschundenen Knie. Wie unförmig seine Füße direkt von vorne aussehn! – Blutkreislauf. Herz. Leber. Lunge. Niere. Vorhin hat er das alles mit Buntstiften säuberlich in sein Bioheft gemalt. Aber das soll alles in ihm drin sein?

In dem dicken Medizinbuch hat er am hinteren Buchdeckel einen ausklappbaren Menschen entdeckt. Vom Hals bis zu den Beinen klappt die Haut weg und zeigt das Innendrin. Schön nach-neben-vor- und hintereinander, wie es im Körper zu sein hat. An Armen und Beinen sieht man die Adern, Muskeln und Knochen unter der Haut. Durch den Mund kann man den Hals sehen. Und der ganze obere Kopf liegt offen, wenn man die Haare zurückschlägt, und zeigt das Innere der Ohren, der Augäpfel und das, was hinter ihnen ist.

Langsam streicht Dieter über seine herausstehenden Rippen. Wischt den Beschlag vom Spiegel und streicht dem Bild darin über die Brust. Er würde zu gerne sehen, ob in ihm auch alles so ist. Es muß wohl; denn sonst wäre er krank. Aber er kann es einfach nicht glauben, würde sich auch gerne so aufklappen wie den Papiermenschen. Es wäre sowieso viel besser, wenn er vom Hals bis zu den Beinen einen Reißverschluß hätte. Den könnte er ganz einfach aufziehn und sich innendrin begucken. Falls er mal operiert werden müßte, brauchte man ihm nicht einmal den Bauch aufzuschneiden. Ich bin eingeschweißt in meine Haut wie die Salatgurken! denkt Dieter. Je länger er sich betrachtet, kommt es ihm immer unwahrscheinlicher vor, daß unter dieser glatten Oberfläche Sehnen, Muskeln, Eingeweide liegen. Warum gerät nichts in Unordnung, wenn er einen Kopfstand macht?

Dieter greift nach dem Handtuch und rubbelt sich trocken. Wie wunderbar ist es doch eingerichtet, daß überall die Haut ist. Und wie wäre das erst, wenn er beim Essen kauen, schlucken würde und dann sagen müßte: »Speiseröhre, los, schick den Kram zum Magen!« Und dem Magen: »Vorwärts. Jetzt verdaue! Aber ordentlich. Behalte das, was für mich wichtig ist, und den Rest schick in die Därme!« Und den Därmen dann: »Na, schneller. Es wird langsam Zeit, daß ich aufs Klo gehe, schneller!«

Er müßte dem Blut befehlen: »Fließe«! Der Lunge: »Atme!« Dem Herzen: »Klopfe!« Bestimmt würde er die Hälfte vergessen. Und dann …

Es ist gut so, daß alles von selbst geht. Sein Blut fließt. Er atmet. Sein Herz klopft. Langsam zieht Dieter sich an. Er zieht nicht nur sich an, sondern noch einen zweiten, so scheint es ihm, der in ihm drin ist. Den er aber nicht kennt, von dem er nichts weiß, der aber macht, daß er lebt.

Die Fremdheit der eigenen Person beim Blick in den Spiegel, die Unvorstellbarkeit des Körperinneren, die darauf bezogenen Kinderphantasien und Allmachtsvorstellungen: Das alles beschäftigt Kinder. Bei mir selbst wecken diese Spiegelgedanken sehr frühe Kindheitserinnerungen. S. Kilian bleibt aber nicht bei dieser Erfahrung der Befremdung stehen. Das Staunen, die Achtung und Ehrfurcht vor dem geschaffenen und seine Aufgaben beherrschenden Körper finden Ausdruck in einer Sprache, die dem Loben und Preisen in den Psalmen sehr nahe ist: »Wie wunderbar ist es doch eingerichtet, …« – »Du hast mich gebildet im Mutterleib. Ich danke dir, daß ich so wunderbar gemacht bin« (Psalm 139, 13f. ☞ Kap. 6). Hier zeigt sich eindrucksvoll, wie man von »Gott« reden kann, ohne immer gleich »Gott« zu sagen, ohne Gott und die Kinder damit zu vereinnahmen.

Die mit dem Bewußtwerden der Einzigartigkeit einhergehenden Erfahrungen sind zugleich beglückend und beängstigend: Ich bin einmalig – doch oft verstehe ich mich selbst nicht. Ich bin einzigartig – d.h. auch auf mich allein gestellt. Ich kann vieles sehr gut – jedoch stoße ich immer wieder an meine Grenzen. Der Religionsunterricht kann dazu beitragen, die Kinder auf ihrem Weg zu einer positiven und zugleich realistischen Einschätzung der eigenen Person wie auch der Einzigartigkeit anderer und so zur Verantwortung für sich und andere zu begleiten und zu stärken.

Eine weitere erprobte Möglichkeit der Thematisierung von Identitätsfragen ist die Bearbeitung folgender Aufgaben in freier Arbeit und eine sich daran anschließende gegenseitige Vorstellung.

»Ich bin ich«

Aufgaben für die freie Arbeit im Religionsunterricht
Bearbeite mindestens 4 der Aufgaben! Kreuze an, was du beendet hast!

1. Zeichnet zu zweit Umriß-Bilder von euren Köpfen!
   (Schattenumriß erstellen: Kind steht vor der Tafel mit aufgeklebtem DIN-A-3-Papier, Projektion auf das Blatt mit dem OHP, Umriß abzeichnen, danach wechseln)
   Darauf kannst du dann malen oder schreiben, was du denkst, was du dir wünschst, wovon du träumst oder wovor du Angst hast.

2. Schreibe etwas zu der Überschrift »So bin ich«, aber nenne nicht deinen Namen! Die anderen Kinder werden später versuchen, dich zu erraten (☞ Beispieltexte von Kindern, 3. Schuljahr).

3. Schreibe ABC-Gedichte: ein »Was-ich-mag-Alphabet« und ein »Was-ich-nicht-mag-Alphabet«!
   A … / B … / C …
   … (vorbereitetes Arbeitsblatt!)

4. Schreibe ABC-Gedichte: ein »Was-ich-gut-kann-Alphabet« und ein »Was-ich-nicht-kann-Alphabet«!
   (mit den Gedichten zu 3. vergleichen!)

5. Lies das folgende »Ich-Gedicht« von Jürgen Spohn[9]! Gestalte eine Seite mit diesem Gedicht, schön geschrieben mit Verzierungen, Bildern oder was dir sonst dazu einfällt!

   ICH stehe
   manchmal
   neben mir
   und sage
   freundlich
   DU zu mir
   und sag
   DU bist
   ein Exemplar
   wie keines
   jemals
   vor dir war
   DU bist
   der Stern
   der Sterne
   Das hör ich
   nämlich gerne

6. Schreibe dein eigenes Ich-Gedicht!

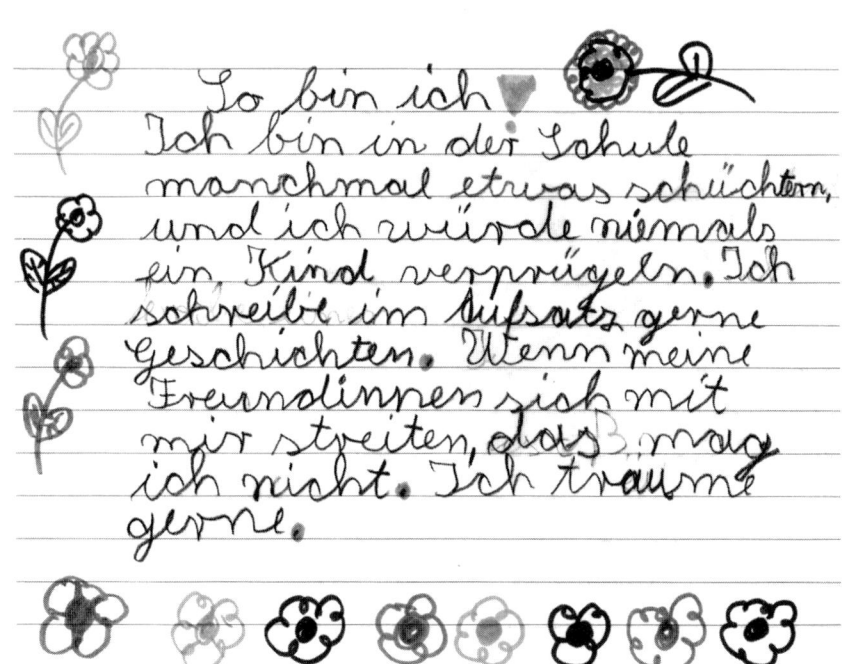

So bin ich

Ich bin in der Schule manchmal etwas schüchtern, und ich würde niemals ein Kind verprügeln. Ich schreibe im Aufsatz gerne Geschichten. Wenn meine Freundinnen sich mit mir streiten, das mag ich nicht. Ich träume gerne.

So bin ich!

Ich bin ich. Ich bin ein Mensch und lebe in einer Welt. Ich habe viele Gedanken, gute, schlechte, lustige, traurige, welche die ernst machen, und andere die wieder fröhlich machen. Wie bin ich in mir drin? Ich bin fröhlich wie fast alle. Ich spiele gerne mit Freunden. Ich spiele gerne im Garten. Manchmal denke ich wer bin ich und dann sage ich zu mir selber: „Ich bin ich."

Angeregt durch das Gedicht von Jürgen Spohn und noch beeinflußt von Thilos Gedanken schrieben Kinder beispielsweise:

Ich

> *Ich bin ich*
> *und kein anderer.*
>
> *Aber wer bin ich*
> *eigentlich*
> *weiß ich das nicht.*
>
> *Wenn ich groß bin,*
> *dann weiß ich es*
> *sicher auch nicht.*
> *Auch wenn ich groß bin.*
>
> *Manchmal wär ich*
> *gern ein Vogel*
> *dann könnte ich*
> *über die Wolken fliegen.*
> *Und mich vom Wind treiben lassen.*

Ich bin ich

> *Manchmal frage ich mich:*
> *»Wer bin ich und wie bin ich?«*
> *Als Antwort sage ich dann zu mir:*
> *»Ich bin ich und ich bin so, wie ich bin!«*
>
> *Danach denke ich:*
> *»Wo bin ich und wie sehe ich aus?«*
> *Die Antwort, die ich mir gebe:*
> *»Ich bin da, wo ich bin, und ich sehe aus, wie ich aussehe!«*

Auf den Reichtum impulsgebender Kinderliteratur zur Identitätsfrage sei hier anhand von weniger bekannten Beispielen hingewiesen.
Um die Vielfalt menschlicher Gefühle geht es in den kleinen Zeichnungen und Geschichten in Aliki's Kinderbuch »Gefühle sind wie Farben«.[10] Anhand von Situationen aus dem Kinderalltag werden Freude und Glück, Trauer und Wut, Angst und Mut, Egoismus und Großzügigkeit, Liebe und Eifersucht, Krankheit und Tod thematisiert.

Auch der »Seelenvogel«, der in jedem von uns, in der Mitte der Seele wohnt und alles fühlt, was wir fühlen, kann Kindern helfen, eigene Erfahrungen und Gefühle zur Sprache zu bringen. Diese kleine hebräische Geschichte von M. Snunit und N. Golomb ist ein Schatz für Gespräche mit Kindern![11]

Peter Spiers einzigartiges Buch »Menschen«[12] ist ein Loblied auf die Individualität des Menschen und ein Plädoyer für die Akzeptanz des Andersseins. Das großformatige Buch lädt ein zum Stöbern in den kurzen Texten und originellen Zeichnungen und bietet viele Anregungen für ein Nachsinnen mit Kindern über sich und die anderen.

Das Nachdenken über sich und über Gott, die Selbsterfahrung und die Gotteserfahrung haben miteinander zu tun (☞ Kap. 2). Das Bei-sich-Sein und Bei-Gott-Sein gehören zusammen. Peter Härtling hat das gegenüber einem Kind in der »Geschichte vorm Schlaf« sehr schön ausgedrückt: »Weil du schlafend ganz in dir bist, kann es sein, daß Gott ganz bei dir ist.«[13]

So ist die Notwendigkeit der Ich-Stärkung im Religionsunterricht auch theologisch begründet: Die Eigenliebe ist von Gott gewollt, ja sogar Voraussetzung echter Liebe zum anderen und zu Gott (Dt 6,4.5; Lev 19,18; Mk 12,29-31). Die Annahme der eigenen Person ist Folge und Ausdruck der nicht an Bedingungen geknüpften Zusage Gottes gegenüber jedem Menschen. Indem der Mensch sich als bei Gott »vorgesehen« erfährt und weiß, eröffnen sich ihm neue Lebensmöglichkeiten. Diese Zuwendung Gottes schließt das Leiden unter eigenen Grenzen und Unvollkommenheiten, das Aushalten des Geheimnisvollen und Fremden der eigenen Existenz mit ein, öffnet den Blick dafür und hilft dabei, es zu akzeptieren und als Herausforderung zu begreifen.

In diesem Sinne verstehe ich die von Hans Thoma[14] gegebene »Antwort« aus dem Glauben auf die am Anfang dieses Kapitel gestellten Fragen nicht als das Ende des Fragens, sondern als ein Aushalten und »Leben« der Fragen im Vertrauen auf Gott:

> Ich kam, weiß nit woher,
> ich bin und weiß nit wer,
> ich leb', weiß nit wie lang,
> ich sterb' und weiß nit wann,
> ich fahr', weiß nit wohin:
> Mich wundert's, daß ich fröhlich bin.
>
> Da mir mein Sein so unbekannt, geb' ich es ganz in Gottes Hand, –
> die führ es wohl, so her wie hin:
> Mich wundert's, wenn ich noch traurig bin.

4 »Du bist wie die Sonne«

Eine Unterrichtsreihe zum Symbol »Sonne« im Christentum und in anderen Religionen

---

Luft **Regen**	Kreis *warm*	Glanz	WOLKEN	scheinen	**hell**		

Luft **Regen** Kreis *warm* Glanz WOLKEN scheinen **hell**

Süden *weiß* gelb *schön* träumen grell **Mond** blühen

WÄRME Mai *Osten* spielen braun LICHT heiß groß *Liebe*

Feuer Bäume

Sonne

Sommer blau

Regenbogen

Strahlen

wundervoll Sonnenstrahlen *Amerika* Bogen GRÜN Obst **Natur**

WASSER Strand *Tiere* Planet Himmel ***Blumen*** Stern WALD

sonnenrot *orange* Fenster fröhlich Sonnenuntergang **Universum**

Dieser Reichtum an Assoziationen zur Sonne entwickelte sich an der Tafel, als die Kinder eines 3. Schuljahres still aufschrieben, was ihnen zur Sonne alles einfiel (drei Kreidestücke wurden jeweils weitergereicht; vorher hatten wir dieses Spiel mündlich am Thema »Schule« eingeübt). So begann eine wochenlange intensive Auseinandersetzung mit dem Symbol Sonne.

Das Fremde und das Eigene besser verstehen

Unsere Motivation zu dieser Unterrichtsreihe lag in der Herausforderung, ein uns selbst fremdes religionsgeschichtliches Thema im Grundschulunterricht umzusetzen. Wie kein anderer hat Hubertus Halbfas in seinem Unterrichtswerk und in religionsdidaktischen Entwürfen das Lernfeld »Religionen« mit dem Ansatz bei archaischen Religionen entfaltet und begründet.[1] Dieser Themenbereich hat – nach meiner Einschätzung – die Praxis des Grundschulunterrichts jedoch nur wenig erreicht. Das mag verschiedene Gründe haben: die Mängel in der Lehrerausbildung im Bereich der Religionsgeschichte, die Fremdheit und Komplexität der Thematik und die damit zusammenhängenden Schwierigkeiten der Einbindung in den Religionsunterricht mit Kindern. In der hier dargestellten Unterrichtsreihe haben wir verschiedenartige Wege erprobt.

Ausgangspunkt unserer Arbeit am Symbol Sonne war die Einsicht in die Notwendigkeit einer Religionsdidaktik, die den religionsgeschichtlichen Kontext eines christlichen Glaubensinhaltes berücksichtigt, um eine differenzierte religiöse Sprachkompetenz grundzulegen. Dahinter steht die Vorstellung gemeinsamer Bild- und Symbolwelten der verschiedenen Religionen. Bevor ein Symbol das Christentum »erreicht« und dort eine spezifische, neue Ausprägung erhält, hat es bereits einen langen Weg hinter sich. Indem wir ansatzweise der Bedeutungsfülle eines Symbols in menschheitsgeschichtlich frühen Religionen und dem Christentum nachgehen, lernen wir sowohl die fremde Religion als auch die eigene besser – nämlich mit innerem Sinn für das Eigentliche, Gemeinsame und Unterscheidende – verstehen.[2]

Die Sonne erschien uns als exemplarisches Symbol geeignet, da Kinder – wie ihre Bilder und Äußerungen zeigen – von früh an ein ausgeprägtes Verhältnis zur Sonne haben, da die Sonnensymbolik in engem Zusammenhang mit der Gottesfrage steht und da bei diesem elementaren Symbol die gemeinsamen und verschiedenen Bezüge zwischen frühen Religionen der Menschheit und dem Christentum so faszinierend sind. Dementsprechend unerschöpflich sind die zu entdeckenden Bild- und Text-Materialien.[3]

Ich will nun den Verlauf, die Materialien und Ergebnisse des Unterrichts in Auszügen dokumentieren und so zu eigenem Unterricht ermutigen. Die Kinder und das Thema werden sicher zu neuen Wegen führen, wie mir LehrerInnen nach Fortbildungstagungen und eigenen Umsetzungen bestätigten.

Staunen über die Sonne – Sonnenbilder

Wußtest Du, ...

- ☐ daß in den Körper der Sonne 1.300.000 Erdkugeln hineinpassen? Die Zahl heißt: eine Million dreihunderttausend.
- ☐ daß die Sonne so dick ist wie 109 Erdkugeln, die man wie an einer Perlenschnur aneinanderreiht?
- ☐ daß die Sonne 330.000 mal mehr wiegt als die Erde?
  Die Zahl heißt: dreihundertdreißigtausend.
- ☐ daß die Sonne so groß ist, daß die ganze Bahn des Mondes um die Erde bequem in die Sonne hineinpaßt?

☐ daß es andere Sonnen in unserem Weltall gibt, die 100 mal größer sind als unsere Sonne? Und die sind noch klein! Es gibt Sonnen, die sind so groß, daß die ganze Bahn der Erde um die Sonne hineinpaßt.

☐ daß die Sonne im inneren Kern 15.000.000 °C (das heißt: 15 Millionen Grad) heiß ist? Wasser kocht schon bei 100 Grad.

☐ daß die Energie der Sonne aus ihrem inneren Kern bis nach außen 10 Millionen Jahre braucht?

☐ daß die Sonne schwarze Flecken (Sonnenflecken) hat? Selbst die sind noch 4.000 Grad heiß, aber damit schon deutlich kühler als die andere Oberfläche, die 6.000 Grad heiß ist.

☐ daß ein Quadratmeter Sonne (etwa zwei zusammengeschobene Schultische) soviel Energie ausstrahlt wie 1 Million Glühbirnen?

☐ daß die Sonne am Ende ihres Lebens sich gewaltig aufblähen wird und zu einem roten Riesenstern werden wird? Das passiert aber erst in vielen Milliarden Jahren.

☐ daß es 200.000.000.000 (zweihundert Milliarden) Sonnen gibt in unserer Milchstraße? Bedenke: Es gibt unzählige Milchstraßen!

☐ daß die Sonne aus einer kalten Staub- und Gaswolke entstanden ist, die sich immer schneller gedreht hat?

☐ daß die Erde in jeder Sekunde von der Sonne soviel Energie bekommt wie 150 Millionen Kraftwerke gemeinsam leisten?

☐ daß die Sonne 400 mal weiter weg ist als der Mond?

☐ daß ein Fußgänger 4.400 Jahre laufen müßte, um zu Fuß zur Sonne zu kommen?

☐ daß ein Zug 166 Jahre bis zur Sonne bräuchte?

☐ daß ein Jumbo-Jet 22 Jahre bis zur Sonne unterwegs wäre?

☐ daß das so schnelle Sonnenlicht 8 Minuten und 20 Sekunden bis zur Erde braucht?

☐ daß die Sonne mit dem Planeten Erde fortwährend durch das Weltall rast? Sie braucht 200 Millionen Jahre für eine Umlaufbahn. Es ist aber unwahrscheinlich, daß sie mit anderen Sonnen zusammenstößt. Stelle sie dir so groß wie eine Kirsche mitten in Aachen vor! Die nächsten Kirschen (Sonnen) liegen in Frankreich und Italien. Da ist ein Zusammenstoß nicht wahrscheinlich.

Uns als Erwachsenen ging es nicht anders als den Kindern. Diese naturwissenschaftlichen Informationen zur Sonne[4], die die Unvorstellbarkeit ihrer Entstehung, Größe, Hitze und Entfernung anschaulich vor Augen führen, fesselten uns. Während die Menschen in der Frühzeit der Geschichte sich der Sonne als einer ganz und gar unbegreiflichen Macht ausgeliefert sahen und sie staunend als Gott verehrten, scheint heute das Wissen um naturwissenschaftliche Hintergründe wohl die Angst, nicht aber das Staunen gemindert zu haben. Die Geheimnisse des Unvorstellbaren und Unendlichen üben gerade auf Kinder eine ungeheuere Faszination aus (☞ Kap. 1).

Die Kinder erhielten nach dem Hören selbst ein Textblatt und lasen die unglaublichen Fakten über die Sonne nochmals laut vor. Sie suchten den sie am meisten überraschenden Sonnensatz aus und schrieben ihn in die Mitte eines Sonnenbildes, das sie farbig gestalteten.

Am Ende dieser in das Unterrichtsthema einführenden Stunde baten wir die Kinder, in den nächsten Wochen die Augen aufzuhalten und Sonnenbilder zu sammeln. Denn während der Zeit der Beschäftigung mit der Sonne wollten wir in der Klasse eine »Sonnenbild-Pinwand« einrichten, an die alles Gefundene und im Unterricht Erarbeitete angeheftet wurde.

Die Sonnenbilder standen dementsprechend im Mittelpunkt der nächsten Stunde. Zunächst wurden die Bilder der ersten Stunde auf farbigen Karton geklebt und aufgehängt. Einige Kinder hatten bereits erste Funde mitgebracht: Bilder vom Sonnenuntergang, Informationen über die Planeten usw. Wir ergänzten in dieser wie auch in späteren Stunden unsere entstehende Sammlung mit Bildern aus anderen Religionen, aber auch mit »indirekten« Sonnenbildern wie z.B. dem Foto einer Margerite, das die Kinder selbst als Sonnenbild erkannten: Die Blume erhält das Leben von der Sonne – sie sieht aus wie die Sonne.

Durch die Betrachtung einer Reihe von alten und neuen Sonnenzeichnungen[5] verschiedenster Kulturen angeregt, malten die Kinder mit Öl-Pastell-Kreide eigene Bilder der Sonne, die auf der Pinwand Platz fanden. Während der gesamten Unterrichtsreihe war die Bilderwand immer wieder Anlaufstelle zu Beginn einer Unterrichtsstunde.

Wie die Menschen die Sonne verehrten

Der nächste Schritt war der schwierigste der gesamten Reihe: Wie können die Kinder einen intensiven Zugang zum Sonnenkult in den frühen Religionen finden? Wie überbrücken wir die zeitliche Distanz und die Fremdheit der damaligen Lebenswelt? Als Beispiele für die Sonnenverehrung entschieden wir uns in Anlehnung an Hubertus Halbfas für »Stonehenge« mit Fortsetzung des staunenden Ansatzes als Schwerpunkt und für »Echnaton« mit einer stärker reflexiven Auseinandersetzung.

a) Stonehenge

Als Zugang zum Steinmonument von Stonehenge boten wir den Kindern eine Erzählung mit veranschaulichenden Bildern und ein selbst erstelltes »Hörbild« (Bilder zu stiller Instrumentalmusik) an.

Die einführende Erzählung auf Grundlage eines Vorschlages von H. Halbfas (stark gekürzt und leicht verändert) berücksichtigt die unsichere Forschungslage über das Kultheiligtum Stonehenge, das vom Ursprung her als Totenkultstätte Unvergänglichkeit verkörperte und sich später wohl immer mehr zu einem Sonnenheiligtum entwickelte (s. Ausrichtung der Gesamtanlage auf die Sommersonnenwende, Aufgang der Sonne am 21. Juni über dem äußeren »Heelstein«). Im Zentrum der Erzählung steht das Bauwerk, seine Entstehung und die damit verbundenen Anstrengungen der Menschen als Ausdruck ihrer religiösen Haltung.[6] Die während der Erzählung eingebrachten Einzeldias dienten dem visuellen Nachvollzug der Größe des Steinmonumentes.[7] Die fremden Begriffe innerhalb der Erzählung wurden begleitend an der Tafel erläutert (Dolmen – Steintisch / Megalith – schwerer Stein / Stonehenge – Steinheiligtum in England).

Heute wollen wir sehen und hören, wie die Menschen vor ungefähr 4000 Jahren die Sonne verehrten. Zu dieser Zeit lebten Menschen, von denen wir heute fast nichts wissen. Sie kannten noch keine Schrift, und fast alle Spuren ihres Lebens sind heute ausgelöscht. Nur ab und zu fand man von ihnen kleine Reste: eine Feuerstätte, Knochen von Tieren, die sie gejagt haben, manchmal Pollenkörner der Pflanzen, die sie angebaut haben, Spuren von Hütten, in denen sie lebten. Zu dieser Zeit waren die Menschen nicht mehr nur Jäger und Fischer, sie waren an einem Ort seßhaft geworden, weil sie gelernt hatten, ihre Nahrung auf den Feldern anzubauen und zu ernten. Wichtiges aus dieser Zeit verraten die Geräte, mit denen diese Menschen gearbeitet haben. Alle Werkzeuge waren damals aus Holz und Stein. Man kannte noch keine Metalle. Darum nennt man diese Zeit die Steinzeit.

Die Werkzeuge erzählen, wie anstrengend ihre Arbeit war. Man kann selbst eine Steinaxt in die Hand nehmen und damit einen anderen Stein bearbeiten, dann weiß man genau, wieviel Geschick, Kraft und Geduld man dazu haben muß. Natürlich erzählen uns auch die Feuerstellen und Hüttenplätze vom Leben dieser Steinzeitbäuerinnen und -bauern. Aber wer diese selbst waren, wissen wir nicht. Wir kennen nicht ihre Sprache, wissen keinen einzigen Namen, keine einzige Geschichte. Aber ihren größten Wunsch kennen wir. Woher, wenn sie nicht schreiben konnten? Aus ihren Gräbern wissen wir es.

Man hat nämlich Gräber dieser Menschen aus mächtigen Steinblöcken gefunden, die uns manches von ihren Träumen und Wünschen und ihrem Glauben erzählen. In der älteren Zeit begruben die Menschen ihre Toten zumeist in Höhlen. In der Steinzeit aber begannen sie, selbst Höhlen zu bauen. Man stellte zwei große, hohe Steine aufrecht hin und legte darüber eine Steinplatte als Deckstein. So entstand ein Steintisch (Dolmen, 1. Dia), unter den die oder der Tote gebettet wurde. Mehrere solcher »Steintische« nebeneinander bildeten ein Ganggrab, in dem viele Tote bestattet werden konnten. Das Steinbauwerk wurde mit Erde überhäuft, so daß sich ein kleiner Hügel bildete, der bald überwachsen war. Für diese Steingräber mußte man große Steine suchen, sogenannte Megalithen (megas=groß; lithos=Stein) oder Findlinge. Sie waren schwer wie ein großer, vollbeladener Lastwagen. Da bedurfte es großer Mühe und sehr vieler Menschen, diese Megalithen von weither zu holen.

So entstanden Grabräume, die kein Sturm brechen und kein Alter schwächen konnte. Die Menschen verbrachten ihr Leben in Hütten aus Holz und Stroh, die schnell baufällig wurden und die das Feuer verzehren konnte. Als Tote bezogen sie aber ein Haus, das unzerstörbar war. Es war aus Stein. Dieser Stein ist hart. Er bleibt immer derselbe. Feuer kann ihn nicht verzehren, Kälte und Nässe lassen ihn nicht faulen. Er ist wie er ist. Er wird immer sein. In solche Häuser der Ewigkeit brachten die Menschen ihre Toten, und weil diese Steingräber immer noch stehen, erzählen sie uns heute noch von dem größten Wunsch dieser Menschen: ewig zu sein, wie die Steine.

Von einer ganz besonderen Anlage aus dieser Zeit muß ich euch mehr erzählen (2. Dia). Sie steht auf einer großen Ebene in England und ist ein kreisrunder Bau. Auf mächtigen hohen Steinsäulen liegen schwere Deckplatten, das Ganze zu einem Kreis geschlossen, der 30 Meter weit ist. Der Steinring wird von dreißig aufrecht stehenden Pfeilern gebildet. Es sind Sandsteinblöcke, die aus einer Entfernung von 30 Kilometern geholt werden mußten. Sie sind über 4 Meter hoch. Jeder von ihnen wiegt rund 25 Tonnen (=500 Zentner=500 Sack Kartoffeln), der schwerste sogar rund 50 Tonnen. Jeder Stein mußte einzeln über Land gezogen werden.

Anfangs ist das Gelände noch eben oder fällt sogar ein wenig ab. Aber dann kommt ein Tal, das damals dicht bewaldet war, so daß man wohl zuerst einen Weg anlegen mußte. Die Steine wurden zum Transport auf hölzerne Schlitten gebunden, die auf Rundhölzern liefen, also Baumstämmen, die immer wieder neu vor ihm ausgelegt wurden. Sechs Leute sind nötig, um ein einziges Rundholz zu tragen. Natürlich bewegen sich diese Rollen nur, wenn der Weg aufgeräumt und glatt ist. Das schwierigste Stück war der Redhorn-Hügel. Dort führt ein steiler Hang hinauf zu dem Bauplatz »Stonehenge«. Man hat errechnet, daß mindestens tausend Menschen helfen mußten, um den schwersten Stein diesen Hang hochzuziehen. Dreißigmal mußte ein solcher Transport bewältigt werden. Hinzu kamen zehn noch größere Blöcke für den inneren hufeisenförmigen Ring und schließlich die mächtigen Decksteine. Das gab insgesamt wenigstens 75 Schlittenlasten.

An Ort und Stelle angekommen, hob man für jeden Pfeilerstein eine Grube aus. Mit Hebeln drückte man den Stein dann hoch, so daß er in das Loch rutschte. Nun mußte er zentimeterweise mit Hebeln hochgehoben und immer neu abgestützt werden, bis er schließlich aufrecht stand und mit Steinen und Erde in seiner Grube befestigt wurde.

Nachdem der Block sicher stand, wurde die Oberkante begradigt, so daß alle Pfeilersteine die gleiche Höhe hatten. Nur ein Zapfen blieb stehen, der später in ein Loch des Decksteines griff und das Gefüge fest verband. Aber wie konnte man die tonnenschweren Decksteine auf die Pfeiler legen? Es gab doch keine Kräne, um sie hochzuziehen. Mit langen Hebeln wurde der Deckstein an einer Seite gehoben, mit Holz unterlegt und befestigt, dann das gleiche an der anderen Seite, dann wieder links, dann wieder rechts, so daß der Deckstein auf seinem Unterbau immer höher wuchs, bis er in vier Metern Höhe vorsichtig auf die Pfeilerböcke geschoben und über den Zapfen abgesenkt werden konnte. Danach wurde alles wieder abgeräumt, um nebenan beim Aufsetzen des nächsten Decksteins neu verwendet zu werden.

Doch warum um alles in der Welt haben die Menschen vor viertausend Jahren solch ungeheure Arbeit auf sich genommen? Ähnlich wie die Dome wurde auch Stonehenge in mehr als hundert Jahren erbaut. Es war ein religiöser Mittelpunkt für das ganze Land, so wie für die Christenheit Rom oder Jerusalem. Wir wissen nicht, welche Gebete am Morgen des 21. Juni, des längsten Tages im Jahr, wenn die Sonne über der Ebene von Stonehenge aufging, gesprochen wurden. Wir kennen keine Lieder und keine Opfer. Aber gewiß bedeutete der große Steinring die ganze Welt. Hier war jetzt die Mitte des Alls, das Haus der Welt. Wer hier stand, stand am heiligsten Platz dieser Menschen. Und gewiß galt die Sonne ihnen als göttlich. Sie verehrten ihren Aufgang und ihr Licht als Zeichen des Lebens. So wie die Sonne über dem Welthaus von Stonehenge aufgeht, nun schon seit Jahrtausenden, *so sollen die Toten auferstehen zu einem neuen Leben. Vielleicht hat dieser Glaube den Bauern der Steinzeit selbst die härteste Arbeit und sogar das Unmögliche leicht gemacht.*

Das sich anschließende kurze Gespräch mit Rückfragen der Schülerinnen und Schüler konnte glücklicherweise noch auf einen kurz zuvor erschienenen Zeitungartikel über Stonehenge Bezug nehmen, den wir später an unsere Bilderwand hängten. Das nun folgende Hörbild sollte den narrativen Zugang durch die Kombination der Bilder mit der Musik emotional verstärken.

In der Vorbereitungsphase hatte ich ein Instrumentalstück der niederländischen Musiker Hans und Annet Visser gefunden, das durch Stonehenge inspiriert ist und ebenso heißt.[8] Das Stück hat drei Teile – die Sammlung, das Ritual und das Fest –, die innerhalb von sechs Minuten unterschiedliche Stimmungen entfalten: eine ruhige, eine geheimnisvolle und eine ausgelassene. Hatte ich zunächst eine unterstützende und die Wahrnehmung intensivierende Musik zu den uns vorliegenden Bildern gesucht, war es jetzt auch umgekehrt: Wie können die Stimmungen der Musik durch die Bilder begleitet und verstärkt werden? Wie behalten Bilder und Musik ihre Eigenständigkeit und werden nicht zur Illustration bzw. zur Harmoniesoße? Ich wählte den Weg eines langsamen, einer Kamerafahrt gleichenden Heranführens an das Monument und dortigen Verweilens im doppelsinnig »sammelnden« ersten Teil, entschied mich für geheimnisvolle Bilder von Stonehenge bei Sonnenauf- bzw. -untergang im zweiten Teil und nahm für den rhythmischen Schlußteil vor allem ein dynamisches Photo mit extremem Weitwinkeleffekt, das aus Bodenperspektive den Himmel über Stonehenge mit den aufragenden Steinen rundherum zeigt: ein Bild, das zu kreisen beginnt, wenn man es länger anschaut.

Das Hörbild zeigte eine starke Wirkung auf die Kinder. Trotz der durch die Erzählung bereits strapazierten Aufmerksamkeit führten die Bilder und besonders die Musik – wie sie hinterher meinten – sie in die Zeit und Welt von Stonehenge. Lediglich ein Bild störte sie: Ein Bild von heutigen Menschen, die die Sommersonnenwende – z.T. in weißen Gewändern, z.T. auf den Steinen sitzend – feiern, das den Kindern einen Eindruck von der Größe der Steine gegenüber den Menschen vermitteln sollte. Dieses Bild »paßte nicht hinein«, wirkte nicht echt oder sogar entwürdigend gegenüber dem Steinheiligtum. Hier zeigte sich die Stärke kindlicher Intuition. Der Weg der Intensivierung der Erzählung durch Musik und Bilder hat sich jedoch bewährt.

b) Echnaton

Nach der stark darbietenden Heranführung an das Sonnenheiligtum von Stonehenge sollte die Beschäftigung mit Echnaton und seiner Sonnengott-Religion in eine vergleichende Auseinandersetzung mit der Bedeutung der Sonne in der christlichen Religion münden. Am Anfang stand erneut eine Erzählung auf Basis einer Vorlage von H. Halbfas.[9]

*I*ch will euch wieder aus einer alten Zeit erzählen. Heute gehen unsere Gedanken fast 3500 Jahre zurück nach Ägypten, ein großes altes Land, auf das die Sonne heiß herniederbrennt. Riesige Wüsten gibt es da, voller Sand und Steine, aber ohne Bäume, Sträucher und grünes Gras. Doch ein großer Fluß fließt durch dieses Land. Er kommt aus einem hochgelegenen Bergland. Wenn dort der Schnee schmilzt, führt der große Fluß Hochwasser und überschwemmt die Felder rechts und links. Wenn das Wasser wieder in das alte Flußbett zurückkehrt, bleibt schwarze fruchtbare Schlammerde zurück, in die man Getreide säen und viele Kräuter pflanzen kann. Unter der heißen Sonne ergibt das reiche Ernten. Wegen der schwarzen Erde nannten die Menschen dort ihr Land »Keme«, die »Schwarze«. Der große Fluß heißt Nil. Es gab aber noch einen zweiten Namen für das Land: »Die beiden Ufer«. Das ist gut verständlich, denn in den Wüsten ringsum kann niemand leben, die Menschen wohnten einzig im Niltal.

Jedes Jahr, wenn der schwarze Schlamm über die Felder geschwemmt wurde, wurden die alten Grenzen verwischt. So mußten die Felder neu vermessen und aufgeteilt werden. Um nicht immerfort darüber Streit zu führen, war ein starker König wichtig, der dies durch seine Beamten regelte. Auch mußte die reiche Ernte gerecht verteilt werden. Das machte den König sehr stark.

»Keme«, die »Schwarze« (erst die Griechen nannten dieses Land Ägypten), ist eines der ältesten Länder dieser Erde. Seitdem Ägypten von Königen regiert wird, kennt man durch alle Jahrtausende die Namen dieser Herrscher. Man nannte den König auch Pharao, das heißt »Großes Haus«. Alle Ägypter sahen im Pharao eine Erscheinung der höchsten Gottheit. Man nannte ihn den Sohn des Höchsten Gottes. Von einem dieser machtvollen Könige will ich euch erzählen.

Als er geboren wurde, bekam er den Namen Amenophis. Ein junger Prinz muß viel lernen. Darum bestellte der König auch die besten Lehrer des Landes für seine Kinder. Die berühmtesten von ihnen arbeiteten im Lebenshaus, das sich beim Tempel des Götterkönigs Amun befand. Hier wurden die Geschichten aller Götter gesammelt, geheimes und seltenes Wissen stand in alten Schriftrollen, sämtliche Wissenschaften wurden hier gelehrt.

Amenophis verlebte seine Kindheit und Jugend in einem Palast, den sein Vater in der Hauptstadt des Reiches, der alten Tempelstadt Theben, errichtet hatte. Wahrscheinlich schon als 13/14jähriger bestieg er den Königsthron. Vermutlich hat ihm seine Mutter Teje anfangs geholfen. Bald nach seiner Krönung wird er geheiratet haben. Seine Frau war älter als er, jedoch höchstens 19 Jahre. Als der Vater noch lebte, hatte er für seinen Sohn in einem fernen Land diese Frau erbeten. Der Fürst sandte seine schöne Tochter nach Ägypten, verlangte aber viel Gold für sie. In Ägypten bekam sie einen neuen Namen. Man nannte sie Nofretete, das heißt »die Schöne ist gekommen«. Tatsächlich war die junge Königin sehr schön.

Es gibt viele Bilder von ihr, vor allen Dingen aber eine farbige Büste, die man vor ca. 85 Jahren unbeschädigt fand.

Anfangs lebten Amenophis und Nofretete im väterlichen Palast in Theben. Hier in Theben standen riesige Tempel des Hauptgottes Amun-Re. Ihr Hoherpriester war nach dem Pharao der ranghöchste Würdenträger des Landes. Er war sehr mächtig und reich; manchmal konnte der Hohepriester des Amun-Re mehr durchsetzen als selbst der König. Gewiß haben sich Amenophis und Nofretete oft darüber geärgert.

Eines Tages beschlossen beide, nicht länger in Theben zu bleiben. Hier war das Heiligtum Amun-Re. Diese Gottheit wurde in vielen Gestalten verehrt, etwa in Menschengestalt mit einem Falkenkopf. Wahrscheinlich hat Amenophis oft über diese Götterbilder nachgedacht und sie unpassend gefunden. Wenige Jahre, nachdem er König geworden war, wandte er sich von der Religion seines Landes ab und begann, einen neuen Glauben zu lehren. In Theben, der Tempelstadt, störte alles. Auf Schritt und Tritt begegnete man den Bildern des Amun-Re. So also gab der Pharao den Befehl, 500 km nilabwärts eine neue Stadt zu erbauen, die ganz allein seinem Gott gehören sollte. Dieser Gott hieß Aton, und nur die Sonne war sein Bild. Der König wollte auch nicht länger Amenophis heißen, denn das bedeutet »(Der Gott) Amun ist zufrieden«. Er gab sich den neuen Namen Echnaton, das heiß »dem Aton gefällig«.

Die Stadt aber bekam den Namen Achetaton, »Lichtland der Sonnenscheibe«. Nun entstand der größte Stadtbauplatz, den die Welt bis dahin gesehen hatte. Man staunt heute noch, wie es möglich war, eine Stadt, die Hauptstadt eines Reiches werden sollte, in wenigen Jahren am Wüstenrand zu errichten. Die königliche Familie zog schon im 5. oder 6. Regierungsjahr (wahrscheinlich im Januar 1360 v. Chr.) nach Achetaton. Als sie dort ankamen, opferten sie auf einem Altar Brot, Bier, Rinder, Kälber, Früchte, Weihrauch, Wein und kühles Wasser.

Der Tempel von Achetaton war groß. Wenn man um ihn herumgehen wollte, brauchte man fast eine halbe Stunde. Das Mittelheiligtum war ohne Dach. Alle ägyptischen Tempel waren bisher mit Dach gebaut worden. In den Tempeln war es dunkel und kühl. Dieser Tempel des Sonnengottes aber sollte zum Himmel hin offen sein. Die Sonnenscheibe sollte bis in den entferntesten Winkel strahlen.

Wenn der König in Begleitung seiner Gemahlin, seiner Töchter und des ganzen Hofstaates zum Gottesdienst in der Frühe den Tempel betrat, trat er vor das Bild der Sonnenscheibe, Nofretete hinter ihm, und erhob ein Gefäß mit einer Opferspende.

Nachdem der Pharao und seine Gemahlin ihre Gaben niedergelegt hatten, sprach der König das große Gebet zu Aton. Während der König betete, standen alle hohen Würdenträger tief gebückt. Kein anderer durfte ein solches Gebet sprechen. Kein anderer durfte direkt zu Aton beten. Alle anderen Menschen verehrten den Pharao als Gott.

Ein bekanntes und schönes Gebet des Pharao ist der Sonnengesang des Echnaton:

»Du erscheinst so schön am Horizont des Himmels
du lebendige Sonne, die mit Leben begann.
Du bist im östlichen Horizont
und hast alle Lande mit deiner Schönheit erfüllt.
Deine Strahlen erfassen die Länder bis zum Ende alles dessen,
was du erschaffen hast.
Du bändigst die Länder deinem geliebten Sohne,
König Echnaton.

Nach einigen vertiefenden Fragen der Kinder wagten wir nun in einem riesigen Zeitsprung durch die Jahrtausende den kühnen Vergleich zwischen dem Sonnenhymnus Echnatons mit dem Sonnengesang des Franz von Assisi (Auszug) und versuchten herauszufinden, daß bei Echnaton die *Sonne als Gott* verehrt und angebetet wird, bei Franz die *Sonne von Gott* kommt und sie als sein Geschöpf auch sein Abbild ist.

Der Sonnengesang des heiligen Franz von Assisi

Gelobet sei mein Gott, mein Herr,
mit allen deinen Geschöpfen,
vornehmlich
mit der hohen Herrin,
unserer Schwester Sonne!
Sie ruft den Tag herauf,
schenkt uns Licht.
Und wie schön ist sie
und strahlt
in gewaltigem Glanze!
Von dir, o Höchster,
ist sie das Abbild.

Zwar gelang das auch, aber der Vergleich war so mühsam, und wir waren so unzufrieden und unsicher, was die Kinder tatsächlich verstanden hatten, daß wir beschlossen, die nächste Unterrichtsstunde mit einer Lernzielvergewisserung zu beginnen. Jedes Kind bekam folgende Aufgabe:

Wie die Menschen die Sonne verehrten

Du liest hier die Sätze aus Gebeten, die Echnaton in Ägypten und Franziskus gesprochen haben könnten. Welche Sätze passen zu wem? Schreibe in die Klammern vor dem Satz (E) für Echn-Aton oder (F) für Franziskus!

( ) Sonne, du bist der einzige Gott!
( ) Sonne, wenn ich dich anschaue, verstehe ich, wie Gott ist.
( ) Sonne, Gott hat dich erschaffen!
( ) Sonne, du hast uns erschaffen!
( ) Schwester Sonne!
( ) Gottheit Sonne!
( ) Sonne, ich bete dich an!
( ) Guter Gott, Dank für die Sonne!

Das Ergebnis verblüffte uns: Entgegen unserer Erwartung schätzte jedes Kind alle Gebetssätze richtig ein, rückblickend sagen wir realistisch, nicht nur wegen, sondern auch trotz unseres Unterrichts. Mehr als eine reflexive Auseinandersetzung sagte ihnen ihr Einfühlungsvermögen, welche Sätze von Christen gesprochen werden können und welche nicht. Nachdem die Kinder den franziskanischen Sonnengesang auf ein Arbeitsblatt geschrieben hatten, das in der oberen Hälfte zur Vertiefung neben dem Sonnengesang Echnatons ein Bild des opfernden Pharao und in der unteren Hälfte stellvertretend für das jüdisch-christliche Verhältnis von Sonne und Gott die Jahwe-Sonne aus der den Kindern bekannten Chagall-Radierung von Mose am brennenden Dornbusch (☞ Kap. 2) zeigte, beteten wir gemeinsam den Sonnengesang des Franz von Assisi.

Sonne im Christentum – Christussonne

Die Bedeutung der Sonne im Christentum wurde nun über verschiedene Zugänge thematisiert und spielte darüber hinaus bis zum Ende der Unterrichtsreihe eine Rolle.

- Konfrontation mit Bildern der Kirchenrosette des südlichen Querschiffes der Kathedrale von Chartres, die die Kinder sofort als Sonnenbild interpretierten[10]
- Arbeit an einem Analogie-Text zur Sonne bzw. zu Gott:
  ../.. macht es hell und warm bei uns. Weil ../.. da ist, können Blumen, Bäume, Tiere und Menschen leben. Ohne ../.. würde alles erstarren. Selbst wenn dunkle Wolken über uns sind und den Tag grau machen: Über den Wolken ist ../.. doch da.
- Betrachtung des Flachrelief-Bildes »Christus Sol« aus der Kirche Santa Maria de Quintanilla de las Viñas in Burgos (Spanien)[11], das Christus im Symbol der Sonne, als »Sonne der Gerechtigkeit« und als »Licht der Welt« zeigt oder, wie die Kinder sagten: »Der Künstler meinte, Christus ist wie die Sonne.«
- Rückgriff auf den Analogie-Text (☞ o.) bezüglich Christus

Am Ende der Betrachtung der Christussonne im »Religionsbuch für das 2. Schuljahr« wurden die Kinder positiv »abgelenkt« durch die vielen, ihnen z.T. bekannten Sonnenbilder in dem Buch, das die Kinder dann von vorn bis hinten durchstöberten.

Der eigene Sonnenstein – das eigene Mandala

Während dieser Phase hatte parallel zum Religionsunterricht – so u.a. in Zeiten der Freiarbeit – eine freiwillige Aktion begonnen. Nach der Betrachtung des Tübinger Sonnensteins[12], eines wahrscheinlich früh- oder vorchristlichen Reliefs aus der Jakobus-Kirche, das drei Sonnendarstellungen übereinander zeigt, die oberste mit zum Gebet emporgereckten Armen, boten wir den Kindern an, einen eigenen Sonnenstein aus Yton-Steinen herzustellen. Dazu zeichneten die Kinder zunächst ihren Entwurf auf ein Papier in der Größe des Steins und schufen dann auf dem Schulhof ihren Sonnenstein mit Hilfe von Hammer und Meißel.

Die fertiggestellten Steine beeindrucken in ihrer Gesamtheit, aber auch jeder einzelne Stein fand Bewunderung, als jedes Kind Gelegenheit hatte, ihn uns vorzustellen. Die Mühe und Ernsthaftigkeit, mit der die Kinder bei der Sache waren, ihre Pläne verwirklichten oder veränderten, mit der sie Interpretationen lieferten oder verweigerten, belegen einige mitgeschriebene Äußerungen.

»Das ist eine Sonne mit Gesicht, ganz tief, weil sie etwas Besonderes ist.«

»Ich habe mich von den kleinen Sonnenbildchen an unserer Sonnenbilderwand anregen lassen.«

»Das ist ein Menschenkopf, wie in der Christussonne. Es soll aber nicht Christus sein. Daß ich einen Stern gemacht habe, hat keine Bedeutung.«

»Ich habe das Sonnenfenster aus der Kathedrale als Vorbild genommen.«

»Ich habe mir aus einem Religionsbuch zu Hause Anregung geholt. Ich wollte noch eine Kerze machen, aber das habe ich nicht geschafft. Die Hände zeigen zur Sonne, die das Leben ermöglicht.«

»Ich habe versucht, die beiden verschiedenen Weisen, die Sonne zu sehen, herauszuarbeiten. Echnaton

hat gesagt: Die Sonne ist Gott. Und Franziskus: Die Sonne ist wie Gott. Darum das Kreuz und die verschiedenen Sonnen mit Streifen und Dachziegeln. Das Sonnenfenster sieht so aus wie in einer Kathedrale.«

Ein zweiter gestalterischer Zugang war das Mandala-Malen, das den Kindern wie folgt vorgestellt wurde:

»Heute werden wir wieder ein Kunstwerk erstellen, das hat einen ganz fremden Namen: »Mandala«. Wenn ihr dieses Mandala seht, wißt ihr sofort, was es mit unserem Unterricht zu tun hat (Bezug zur Sonne). Beim Verstehen, was ein Mandala ist, hilft uns der Name: Mandala ist ein altes, indisches Wort und heißt »Kreis«. Mandalas sind immer Bilder mit einer Mitte. Es sind Bilder, die uns zur Stille führen können. Wenn wir ein Mandala anschauen oder farbig bemalen, kann uns das helfen, still zu werden. So wie ein Mandala eine Ordnung hat, können unsere Gedanken und Gefühle, unser Inneres geordnet werden: Alles findet seinen Platz.
Beim Malen wirst du leise Musik[13] hören, die dir helfen kann, dich ganz in dein Mandala zu versenken. Benutze beim Malen nur die eigenen Stifte (Buntstifte oder Filzstifte). Versuche, im Mandala zur inneren Stille zu kommen.«

Einer weit verbreiteten Praxis des Ausmalens vermeintlich kindgemäßer, tatsächlich aber oft nur dem Klischee einer heilen Kindersonderwelt entsprechender Kopiervorlagen können wir religionspädagogisch wenig abgewinnen. Das einfache Ausmalen eines Mandalas[14] jedoch kann zu einer Erfahrung gesammelter Stille führen. Mich erinnert es an das Entwerfen von Mustern auf Rechenpapier-Kästchen in meiner eigenen Kindheit, das Kinder auch heute noch gerne tun.

Auffallend war die »Malbewegung« fast aller Kinder von innen nach außen, so daß vor ihren Augen immer neu abgeschlossene Muster entstanden. Im Gespräch betonten die Kinder, daß das Mandala gerade in der Verbindung mit der Musik etwas »Besonderes« gewesen sei und sie tatsächlich beim Malen ruhig geworden seien. So verwunderte uns nicht, daß am Ende der Unterrichtsreihe die meisten Kinder als das »Wichtigste« und »Schönste« das Mandala-Malen angaben, dicht gefolgt von der Sonnenstein-Aktion.

»Und dann steht sie wieder auf!« – die Auferstehungssonne

Da unser Unterricht zur Sonne in der Zeit vor den Osterferien stattfand, die nun immer näherrückten, lasen bzw. hörten die Kinder an drei Tagen ohne großes »Besprechen« die Passions- und Ostererzählungen nach der Neukirchener Kinderbibel.[15]

So stand am Ende unserer vielen Wege mit der Sonne der Eingang des Symbols in die christliche Auferstehungssymbolik. Nach einer vergleichenden Betrachtung verschiedener Auferstehungsbilder[16] befaßten wir uns intensiv mit Alfred Manessiers Bildern zu Tod und Auferstehung.[17]

Innerhalb seines Passions- und Osterzyklus hat Manessier sein bekanntes Auferstehungsbild, eine einzige Explosion von Licht, eine große orange-gelb-rot strahlende Sonne, gemalt. Stellt man der Betrachtung dieses Bildes das vorherige Bild »Wächter am Grab« (mit ähnlicher Komposition, ebenfalls ein großer Kreis, jetzt noch dunkel: wir nannten es im Unterricht »Passion«) voran, erzählen die beiden fast abstrakten Bilder eine (Auferstehungs-)Geschichte vom Dunklen-Schwarzen zum Hellen-Farbigen.

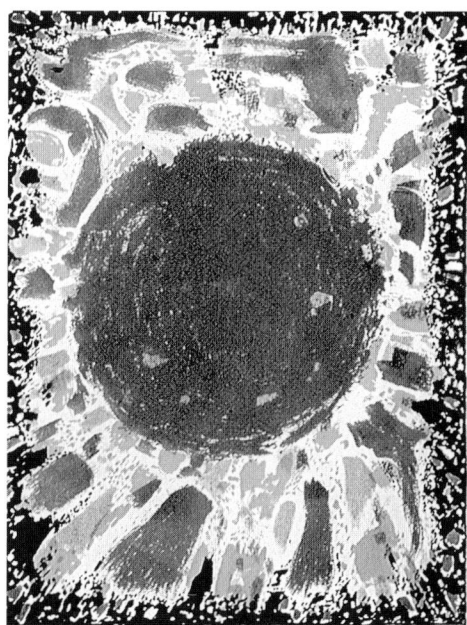

Vor der Betrachtung der Bilder stand die Frage, ob man Auferstehung überhaupt malen kann. Die Kinder meinten, ein Maler könne nicht malen, wie es gewesen ist, da er ja nicht dabei war, aber er könne in einem Bild zeigen, wie er es sich vorstelle und was es für ihn bedeute. Die Bilder von Manessier überraschten sie, aber sie fanden sie passend: Der Maler habe das, was er sich vorstellt, nur mit Farben gemalt.

Nun bekamen die Kinder Gelegenheit, ihre eigenen Vorstellungen zu malen. Wir hatten für jedes Kind ein DIN-A-3-großes Blatt mit zwei gezeichneten Rahmen in der Horizontalen nebeneinander mit den Überschriften »Passion« (links) und »Ostern« (rechts) vorbereitet. Die Kinder malten mit leuchtstarken Pastell-Öl-Kreiden, wobei ihnen freigestellt war, ob sie sich von den gelesenen biblischen Erzählungen oder von den Bildern von Manessier inspirieren ließen.

Der Reichtum der individuellen Bildfindungen läßt sich in verschiedenen Gruppen zusammenfassen:

☐ Beschränkung auf den biblischen Befund in gegenständlicher Zeichnung: Kreuzigung + Engel am Grab, Verbindung über gleiche Motive (Sonne als Himmelskörper oder als Heiligenschein) oder ähnliche Komposition
☐ gegenständliche Darstellung der Kreuzigung + Abstraktion beim Auferstehungsbild: Vergleichbarkeit zu Manessier oder Übernahme des Kreuzmotivs
☐ abstrakte Farbgestaltung bei Kreuzigung + Auferstehung
☐ Kreuzigungsdarstellung + neue Bildideen zur Auferstehung:
  – aus dem Ei schlüpfendes Küken: »Das ist auch Auferstehung, wenn ein Küken aus dem Ei schlüpft. Das habe ich dreimal bei meinem Opa gesehen«
  – eine Mutter, die ihr Kind wickelt
  – eine schwarze und eine farbige radförmige Fläche mit einem Schmetterling: »Ich habe ein Rad wie bei dem Fenster von der Kathedrale gemalt, bei der Passion eine Hälfte, wo er stirbt, und eine Hälfte, wo er fröhlich ist, dort ist ein Schmetterling«
  – ein durchkreuztes Kreuz mit den verstreuten Buchstaben des Wortes »AUFERSTEHUNG« in den entstehenden Feldern, ein besonders vielschichtiges, (auch für Erwachsene) zur Meditation geeignetes Bild (☞ Abb.)

Die Doppelbilder erhielten bei allen Kindern ihren Gehalt und ihre Dichte durch die formalen und inhaltlichen Bezüge zwischen den Bildern. Es waren Geschichten- und Denk-Bilder, über die wir uns in der Abschlußstunde austauschten. Die Kinder malten Auferstehung nicht ohne Passion, sondern von der Passion her, ja z.T. sogar schon in der Passion verankert. Insofern sehe ich hier nicht nur eine dem theologischen Gehalt entsprechende Methode, sondern ein Beispiel für die Inspiration unterrichtlichen Umgangs mit theologischen Fragestellungen für die Theologie bzw. ein Beispiel für den »theologischen Rang des Didaktischen«[18] (☞ Kap. 10; zu Auferstehungsmetaphern ☞ auch Kap. 7).

Zum Abschluß sei hier ein Bild erwähnt, das uns durch den Bezug zur Sonnensymbolik besonders erfreute: Ein Mädchen hatte in leuchtenden Farben und schlichter Komposition eine untergehende und eine aufgehende Sonne gemalt. Ihr Kommentar dazu – eher lapidar vorgetragen – ist für mich gerade wegen seiner sprachlichen Einfachheit und der damit verbundenen Leerstellen so stimmig bis ins letzte Wort und in seiner Wirkung umwerfend: »Das ist mir so eingefallen. Ich wollte nicht das mit Jesus machen. Die Passion ist ja der Untergang von Jesus, deshalb habe ich einen Sonnenuntergang gemalt. Und dann steht sie wieder auf!«

Passion

Auferstehung

5 Alles hat seine Zeit

Zeit und Stille zulassen, erfahren und bedenken

Die Geschichte vom eiligen Mann

Einmal war ein Mann so eilig, daß er am liebsten gar keine Zeit für irgend etwas brauchen wollte. Morgens ist er aus dem Haus gerannt und in den Autobus gestiegen. Aber der Autobus ist ihm viel zu langsam gefahren. An der nächsten Haltestelle ist der Mann wieder auf die Straße gesprungen und vor dem Autobus hergerannt. An der Kreuzung war gerade die Ampel rot, aber der Mann hatte gar keine Zeit, irgend etwas zu merken. Er ist weitergerannt. Die Autos haben gehupt, die Leute haben geschrien. Aber das hat der Mann nicht mehr gehört. Er war schon an der nächsten Straßenkurve, und vor Eile ist er einfach geradeaus gelaufen, mitten durch ein Haus! Eine Familie wollte gerade frühstücken, und der Mann ist über den Tisch gesprungen und hat die Tassen und Teller hinuntergeworfen, und schon war er wieder zur Tür hinaus.

Eine andere Familie hat noch geschlafen, da ist der eilige Mann über die Betten getrampelt, und schon war er wieder zum Fenster hinaus. Er hatte auch gar keine Zeit, »Entschuldigen Sie bitte!« zu sagen. Jetzt war er in einem Hof, der hatte ringsum hohe Mauern, und der Mann hatte vor Eile das Tor nicht gesehen. Er ist mit dem Kopf gegen die Mauer gerannt. Aber er hatte ja keine Zeit, über irgend etwas nachzudenken, darum hat er sich einfach nur umgedreht und ist wieder zurückgerannt: durch das Haus, über die Kreuzung und die Straße entlang, bis er auf einmal zu Hause war. Da hat er sich gewundert!

Zeitgewinn ist Zeitverlust! Wie oft machen wir diese paradoxe Erfahrung. Sich dagegen Zeit zu lassen, bei Menschen und Dingen zu verweilen, »bringt« uns weiter.

Auf den Religionsunterricht hin gelesen, entspricht der Geschichte von Ursula Wölfel[1] ein Unterricht unter dem Druck von Lehrplan und Lernstoff, der alles thematisiert und »durchnimmt«, Inhalte abhakt, ohne sie inwendig »begriffen« zu haben, und letztlich nichts bewirkt.

Der in diesem Buch beschriebene und angeregte Unterricht nimmt sich bzw. läßt Kindern und LehrerInnen Zeit. Nach unserer Erfahrung können Unterrichtsreihen schon ab dem 2. Schuljahr 12 bis 15 Stunden umfassen, ohne daß die Kinder die Aufmerksamkeit verlieren (☞ Kap. 4, 6, 8 und 9). Dieses Kapitel unterstreicht das grundsätzliche Anliegen einer Entdeckung der Langsamkeit in religiösen Lernprozessen[2], indem es die bewußte Wahrnehmung und Reflexion von Zeit und Stille als Erfahrungsfeld des Religionsunterrichts begründet und in Form einzelner Unterrichtselemente konkretisiert.

Ein so vorgestellter Religionsunterricht strebt als Kontrast zur Eingangsgeschichte das in der folgenden Zen-Geschichte erzählte Ideal an.[3]

Ein weiser, erfahrener Mensch wurde einmal gefragt, warum er trotz seiner vielen Unternehmungen immer so gesammelt sei.
Er antwortete:
Wenn ich sitze, dann sitze ich,
wenn ich stehe, dann stehe ich,
wenn ich gehe, dann gehe ich,
wenn ich höre, dann höre ich,
wenn ich schaue, dann schaue ich,
wenn ich spreche, dann spreche ich ...
Da unterbrachen ihn die Fragesteller und meinten:
Das tun wir genauso, aber was machst du darüber hinaus?
Er sagte wiederum:
Wenn ich sitze, dann sitze ich,
wenn ich stehe, dann stehe ich,
wenn ich gehe, dann gehe ich,
wenn ich höre, dann höre ich
wenn ich schaue, dann schaue ich,
wenn ich spreche, dann spreche ich ...
Wieder sagten die Leute ungeduldig:
Das tun wir doch auch.
Er aber sagte zu ihnen: Nein,
wenn ihr sitzt, dann steht ihr schon,
wenn ihr steht, dann lauft ihr schon,
wenn ihr lauft, dann seid ihr schon am Ziel!

Kinder im Umgang mit Zeit

In den letzten 30 bis 40 Jahren haben sich infolge der Modernisierung der Lebensbedingungen – so durch die massive Verbreitung von Auto, Telefon und Fernsehen, durch die Technisierung privater Haushalte, durch autogerechten Städtebau und vermehrten Spielplatzbau, durch Rückgang der Geburten und Zunahme der Erwerbstätigkeit beider Elternteile – die Zeitstrukturen für Kinder rasant verändert.[4] Waren früher die Zeitmuster der Kindheit durch Essenszeiten, Schulzeit und Schlafenszeit überschaubar gegliedert und durch viel Zeit zum freien Spielen gekennzeichnet, finden sich heute komplexe Strukturen mit viel verplanter Zeit, mit verbindlichen Vorgaben und selbst gewählten Terminen, mit Zeitschritten auf ein Ziel hin und Zyklen im Tages- bzw. Wochenrhythmus. Die Karikatur einer Mutter, die den Terminkalender ihres Kindes mit dem Computer verwaltet[5], spiegelt die Situation nicht ohne eine Portion Realismus und weist auf die Notwendigkeit bewußten Erfahrens und Umgehens mit Zeit hin, damit die Kinder nicht Opfer der gesellschaftlich dominanten leistungsorientierten, technisch-ökonomischen Zeitvorstellung werden.

■ Zeit-Übungen[6]

A) Wie die Zeit vergeht
- einen laut tickenden Wecker in einem Beutel verborgen in die Mitte legen und hören, was in dem Beutel ist,
- in Stille eine Sanduhr beobachten,
- darüber sprechen, welche Gedanken ausgelöst wurden und wie schnell oder langsam die Zeit verging.

B) Wie lang ist eine Minute?
- Kassettenrecorderaufnahme: zu Beginn der Minute ein Gong,
- jedes Kind nennt seinen Namen, wenn es meint, eine Minute sei vorbei,
- Beenden der Aufnahme, wenn alle Kinder sich gemeldet haben,
- Anhören der Aufnahme mit den gesprochenen Namen, nach exakt einer Minute schlägt der Lehrer erneut den Gong.

C) Wie wir Zeit unterschiedlich erleben und bewerten
- Zusammenstellung (oder Vorgabe) verschiedener Kategorien zur Bewertung von Zeiten, z.B.:

☐ gute Zeit	☐ Zeit für das, was ich gern tue
☐ schlechte Zeit	☐ Zeit für das, was ich ungern tue
☐ weder gute noch schlechte Zeit	☐ Zeit für das, was mir egal ist

- Eintragen von Aktivitäten in eine »Tabelle« (Gruppenarbeit: jeweils andere Kategorien),
- Vorstellen der Ergebnisse: vergleichen, ergänzen, Übereinstimmungen und Widersprüche entdecken.

Mit Kindern über Zeit nachdenken

»Wenn ich mich frage«, sagte Einstein, »woher es kommt, daß gerade ich die Relativitätstheorie gefunden habe, so scheint es an folgendem Umstand zu liegen: Der normale Erwachsene denkt nicht über die Raum-Zeit-Probleme nach. Alles, was darüber nachzudenken ist, hat er nach seiner Meinung bereits in der frühen Kindheit getan. Ich dagegen habe mich derart langsam entwickelt, daß ich erst anfing, mich über Raum und Zeit zu wundern, als ich bereits erwachsen war.«[7]

Kinder zeigen ein außergewöhnliches Interesse an dem Phänomen Zeit. So schrieben Kinder eines 3. Schuljahres nach dem Hören und Bedenken der Geschichten vom »eiligen« und vom »weisen« Mann ihre Fragen zur Zeit auf, die zusammengestellt ein wunderschönes Zeitfragen-Gedicht ergeben:

Was ist die Zeit?

Warum gibt es Zeit?
Wo ist die Zeit?
Woher kommt die Zeit?
Ist die Zeit schlimm?
Ist die Zeit schön?
Ist die Zeit langsam?
Ist die Zeit sichtbar oder unsichtbar?
Ist die Zeit ewig?
Ist Zeit kostbar?
Ist Zeit Geld?
Ist Zeit wichtig im Leben?
Ist Leben Zeit?
Warum sagen manche, sie haben keine Zeit?
Warum ist manchmal die Zeit kurz?
Warum geht die Zeit langsam vorbei, wenn man auf jemanden wartet?
Was wäre, wenn es keine Zeit gäbe?
Warum nennt man die Zeit Zeit?
Wie ist die Zeit gemacht?
Wer hat die Zeit erfunden?
Wer hat die Zeit erschaffen?
Wann fing die Zeit an, und wieviel Zeit ist schon weg?
Wann geht die Zeit aus?

Die Unvorstellbarkeit eines Anfangs oder eines Endes der Zeit, das unterschiedliche Erleben von Zeit, die Existenzweise vergangener oder künftiger Zeit, die Idee einer »Zeit-Maschine« faszinieren Kinder und berühren sie existentiell. Sie tragen noch eine Ahnung davon in sich, was uns nicht nur Philosophen, sondern auch die neue Physik – besonders Relativitäts- und Quantentheorie – mehr und mehr vor Augen führen: daß unsere herkömmlichen Vorstellungen von Zeit (und Raum) allzu simpel sind.[8]

Die folgende Zeit-Geschichte von Susanne Kilian[9] steht für eine Vielzahl literarischer Texte, die ein Sprechen über Zeiterfahrungen anregen.[10] Ein Mädchen denkt nach über die Unterschiedlichkeit des Zeiterlebens, über Vergänglichkeit und Ewigkeit, über Kontinuität und Wandel des Lebens, über Gott und die Zeit. Schließen die Kinder beim Hören der Geschichte mit Lena die Augen, tauchen sie ein in das Geheimnis der Zeit:

Die Zeit und Lena mittendrin

Manchmal vergeht die Zeit so schnell, man begreift nicht, wo sie eigentlich hingekommen ist. Dann wieder dehnt sie sich aus, ein einziger Vormittag scheint Jahre zu dauern.

Schon so lange läuft Lena in den alten Ruinen der Römerstadt herum, müde läßt sie sich auf einen Steinblock fallen. Die Schritte und Stimmen ihrer Eltern entfernen sich weiter, immer weiter.

Stille.

Lena läßt den Kopf gegen die Steinmauer sinken und schließt die Augen. Sie atmet den Duft der wilden Kräuter. Die Zikaden singen ihr eintöniges, unermüdliches Lied von Sommer und Hitze und Sonne.

Lena kann sich einfach nicht vorstellen, daß diese Sonne im Augenblick auch zu Hause scheint. Es ist dieselbe, es gibt nur eine Sonne. Vielleicht saß genau an dieser Stelle, wo sie jetzt sitzt, einmal ein Römerkind, ein Mädchen in Lenas Alter. Wer kann das wissen? Damals war dieselbe Sonne schon da.

Wie Gott das wohl einteilt, wann jemand geboren wird? Nur er kann wissen, ob Lena auch einmal Kinder haben wird, und wann und wie viele.

Lena legt die Hände auf den Steinblock. Er ist so warm, da ist kein Unterschied, Stein oder Hand.

Sie will weiterdenken, etwas begreifen, aber nun geht es nicht mehr. Sie ist ja Stein. Wind und Regen über ihr, schon lange, lange Zeit. Die Sonne geht auf und wieder unter, wieder auf und wieder unter. Auch das ist vor langer Zeit so gewesen, aber es ist noch immer so, und es wird noch lange Zeit so sein.

Ich bin nicht, denkt Lena.

Ich war schon, denkt Lena. Und: Ich. Dann ist alles leer, dort, wo sonst ihre Gedanken sind. Sie fühlt nur noch Wärme. Und dann ihr Herz, wie es klopft: ruhig und gleichmäßig und wunderbar.

Zeit, plötzlich begreift Lena, was das ist: Zeit. Nicht diese Linie auf der Tafel in der Schule. Auf ihr war die Zeit eingezeichnet, so lange die Erde besteht. – Es ist ganz anders. Man kann es auf keine Tafel der Welt malen. Die Zeit ist ein riesiges Loch. Alles fällt hinein und fällt und fällt: Saurier, Mammuts und geflügelte Fische, Meere, Berge, Schachtelhalmwälder, alles, millionjahrelang, ununterbrochen. Menschen gibt es sowieso erst seit ein paar Minuten. Lena erst seit einer Sekunde! Achtzig Jahre wird sie möglicherweise leben, achtzig mal dreihundertfünfundsechzig Tage. Das ist lange, und trotzdem nicht länger als eine Sekunde. Dann kommt wieder Zeit und immer noch Zeit, wieder Jahrmillionen oder noch länger, wie lange, weiß nur Gott.

Von Ewigkeit zu Ewigkeit dehnt sich das Loch.

Lena wird ganz schwindlig davon, sie ist jetzt winzig klein, fast gar nicht mehr da, so wie ein Tropfen unter unzähligen andern im Meer der Zeit.

»Lena, du, Lena komm. Kind, wir gehn!«

Wer ist das – Lena? Sie fühlt plötzlich ihre Schulter, weil Mutter sie berührt, hört die Zikaden, sieht die uralten Steine. Und immer noch glüht am Himmel die Sonne.

Lena steht auf. Dann geht sie zwischen Vater und Mutter.

Schon so lange dauert dieser Sommer, und danach wird es noch viele Sommer geben. Ich bin ja noch ein Kind, denkt Lena, ich werde noch lange, lange ein Kind sein.

Zeit – von Gott geschenkt

Lenas Zeit-Vorstellungen, die sich von der Linie an der Tafel distanzieren und zu Gott führen, verweisen auf die Zeitvorstellung des Alten Testamentes[11]: Sie unterscheidet sich sowohl vom zyklischen Zeitverständnis der biblischen Umwelt – Zeit im immer gleichen Kreislauf (ungeschichtlich) – als auch von unserem einseitig linearen Zeitverständnis – Zeit als gleichmäßige Takteinteilung (technisch). Nicht das Schema von Vergangenheit, Gegenwart und Zukunft prägt die Zeitvorstellung. Das hebräische Zeitwort unterscheidet nur vollendete und unvollendete Handlungen: Etwas ist abgeschlossen oder im Werden. Vergangenes und Zukünftiges kann in die Gegenwart hineingeholt werden, d.h. Vergangenes im feiernden Erinnern neu gegenwärtig sein und Prophezeites als bereits feststehend erlebt werden. Die ursprüngliche Zeitvorstellung ist die einer rhythmischen Zeit auf Grundlage des regelmäßigen Wechsels im Naturablauf und der jeweils neu erlebten Lebenssituation und Gotteserfahrung. Das Alte Testament kennt keine neutrale Zeit. Gott qualifiziert die Zeit. Sie liegt in seinen Händen, und er schenkt sie den Menschen, vertraut sie ihnen an. Der Mensch kann sie dankbar annehmen und gestalten. Er macht aber auch immer wieder die Erfahrung unheilvoller Zeiten, deren Sinn er nicht versteht, gegen die er sich auflehnt, in denen die dunkle, verborgene Seite Gottes begegnet. Von all diesen Zeiten erzählt der Prediger Kohelet in einem Gedicht (Koh 3,1-8), das je nach eigener Lebenssituation zu Gelassenheit und Vertrauen ermutigt oder Widerspruch provoziert, jedoch nicht als Aufruf zum Fatalismus oder als Ausdruck eines despotischen Gottesbildes gewertet sein will.[12]

Alles hat seine Stunde.

> *Für jedes Geschehen unter dem Himmel gibt es eine bestimmte Zeit:*
> *Eine Zeit zum Gebären und eine Zeit zum Sterben,*
> *eine Zeit zum Pflanzen und eine Zeit zum Abernten der Pflanzen,*
> *eine Zeit zum Töten und eine Zeit zum Heilen,*
> *eine Zeit zum Niederreißen und eine Zeit zum Bauen,*
> *eine Zeit zum Weinen und eine Zeit zum Lachen,*
> *eine Zeit für die Klage und eine Zeit für den Tanz,*
> *eine Zeit zum Steinewerfen und eine Zeit zum Steinesammeln,*
> *eine Zeit zum Umarmen und eine Zeit, die Umarmung zu lösen,*
> *eine Zeit zum Suchen und eine Zeit zum Verlieren,*
> *eine Zeit zum Behalten und eine Zeit zum Wegwerfen,*
> *eine Zeit zum Zerreißen und eine Zeit zum Zusammennähen,*
> *eine Zeit zum Schweigen und eine Zeit zum Reden,*
> *eine Zeit zum Lieben und eine Zeit zum Hassen,*
> *eine Zeit für den Krieg und eine Zeit für den Frieden.*

A) Alles hat seine Zeit

- Hören bzw. wiederholtes, langsames Lesen des Kohelet-Textes (☞ o.),
- Fragen und Eindrücke zum Text: Wie stellt ihr euch das Leben des Menschen vor, der das geschrieben hat?
- Erstellung eines »Zeitenbuches« (gemeinsam eins oder jeder für sich): DIN-A-4-Blätter der Länge nach jeweils in zwei gleichgroße Streifen schneiden, diese Streifen in der Mitte knicken, so daß innen ein Doppelblatt (DIN-A-6) entsteht, das die Kinder schreibend und malend gestalten können:
  - ☐ durch Auswahl und erfahrungsbezogene Illustration eines Gegensatzpaares aus dem Bibeltext,

- ☐ durch Ergänzen und Gestalten weiterer Gegensatzpaare,
- ☐ mit ihren Fragen zur »Zeit«,
- ☐ mit ihren Gedanken zur Zeit: So stelle ich mir die Zeit vor!
- – Gestaltung der Einbandseiten / Binden des Buches / Gespräch an den Ergebnissen entlang,
- – Singen des Liedes »Nimm dir Zeit«[13].

Nimm dir Zeit

Text und Musik: Walter R. Ritter

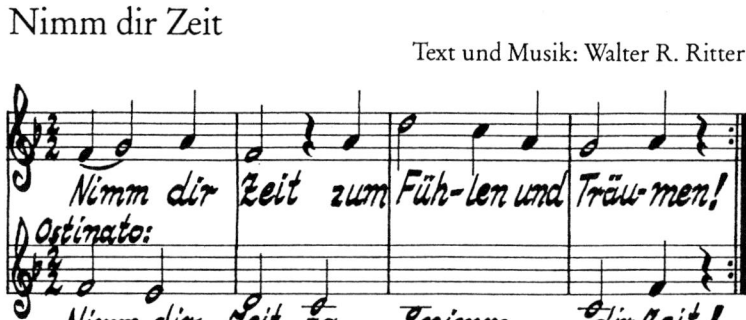

1. Nimm dir Zeit zum Fühlen und Träumen!
2. Nimm dir Zeit zum Feiern und Trauern!
3. Nimm dir Zeit zum Reden und Hören!
4. Nimm dir Zeit zum Staunen und Freuen!
5. Nimm dir Zeit zum Säen und Ernten!
6. Nimm dir Zeit zum Geben und Nehmen!
7. Nimm dir Zeit zum Lieben und Streiten!
8. Nimm dir Zeit zum Werken und Ruhen!
9. Nimm dir Zeit zum Weinen und Lachen!
10. Nimm dir Zeit zum Halten und Lassen!
11. Nimm dir Zeit zum Dulden und Kämpfen!
12. Nimm dir Zeit zum Glauben und Zweifeln!
13. Nimm dir Zeit zum Sterben und Werden!
14. Nimm dir Zeit zum ... (selbst erfinden!)
    Nimm dir Zeit, ja nimm dir Zeit!

Im 3. Schuljahr fand der Kohelet-Text großes Interesse bei den Kindern. Sie bestätigten die Sicht des Predigers, der aus ihrer Sicht das ganze Leben beschreibt: »Er schreibt es aus sich heraus.« – »Vielleicht hat er es ja aus seinem Leben geschrieben.« Bei der Gestaltung eines gemeinsamen Zeitenbuches beeindrucken neben den Bildern und Gedanken zur Zeit die Ergänzungen in eigener Sprache:

Es gibt eine …
Zeit zum Froh-Sein – Zeit zum Traurig-Sein
Zeit zum Lernen – Zeit zum Spielen
Zeit für Schule – Zeit für Ferien
Zeit zum Schreien – Zeit zum Flüstern
Zeit zum Toben – Zeit zur Ruhe
Zeit zu essen – Zeit zu fasten
Zeit zum Kommen – Zeit zum Gehen
Zeit zum Schlafen – Zeit zum Wachen
Zeit zum Tot-Sein – Zeit zum Leben (☞ Kap. 7)

Es gibt eine Zeit zum einatmen, und eine Zeit zum ausatmen

B) Einander Zeit schenken

- Gestalten und Verschenken von Gutscheinen mit der Überschrift »Ich schenke dir von meiner Zeit« (Bilder / Verzierungen / Zeitdauer / Adressat / ggf. Hinweis, wie die Zeit gestaltet wird).

Zeit für Stille – stille Zeiten

Ein sich Zeit lassender Unterricht sucht die Stille, die bewußte Wahrnehmung des scheinbar Selbstverständlichen. Die Entdeckung der Stille in ihrer ganzen Vielschichtigkeit zielt nicht auf Verinnerlichung und Rückzug aus der Welt, sondern auf Nachdenklichkeit und Sensibilisierung für die Welt und kann für Kinder zu einer befreienden Erfahrung werden. Einige Praxisimpulse – vorrangig zum Hören – mögen das verdeutlichen.[14]

A) Grundübung zum Hören (am besten im Sitzkreis)
»Wir sitzen gerade auf unserem Stuhl und suchen uns eine bequeme Haltung. Beide Füße stehen auf dem Boden. Wir spüren, wie unsere Füße Halt finden und sich mit dem Boden verwurzeln. Wir sind ganz still. – Jetzt schließen wir unsere Augen und öffnen unsere Ohren. Wir sind ganz Ohr. Wir achten auf alles, was wir hören. Wir horchen auf die Geräusche im Klassenraum. Wir hören die Töne von draußen. … Wenn wir jetzt die Übung beenden, erzählen wir uns gegenseitig, was wir gehört haben.«

Zeit für Ruhe (Kanon)

Text: Gerhard Krombusch
Musik: Ludger Edelkötter

2. Viele Laute sind ganz leise,
singen alle ihre Weise.
Leise Laute sind so schön,
dürfen nicht verloren gehen.

3. Zeit für Ruhe, Zeit für Stille,
Atem holen und nicht hetzen,
unser Schweigen nicht verletzen.
Laßt uns in die Stille hören.

B) Ein Stille-Lied singen: »Zeit für Ruhe«[16] (☞ o.)

mit leisen Instrumenten (Gitarre/Flöte) spielen,
das ganze Lied singen,
die Melodie summen (leiser, dann wieder lauter werdend),
im Kanon singen,
die erste Strophe als »Zwischengesang« beim Vorstellen einzelner Schülerergebnisse singen.

C) Stille Musik hören

»Wir wollen nichts anderes tun, als die Augen zu schließen, Musik zu hören und darauf zu achten, was dabei passiert!«
Z.B.: Büdi Siebert, Silent Earth (2:18)
auf: Büdi Siebert: Wild Earth (BIBER Nr. 66461).
Auszüge aus einem Unterrichtsgespräch (3.Schuljahr):
Das hörte sich unheimlich an.
Man hat richtig mal hingehört, nicht wie zu Hause beim Radio.
Es hörte sich auch so leise an.
Als die Musik anfing, ist es sehr still hier im Raum geworden.
R.O.: Was habt Ihr erlebt?
Wie in einem Tierfilm habe ich an Tiere gedacht und an die Welt.
Es war, wie wenn die Sonne aufgeht.
R.O.: Ihr sagt, es wurde still im Raum. War zuerst die Stille oder die Musik da?
Die Stille kam mit der Musik erst richtig.
R.O.: Kann Musik denn still sein, Musik macht doch Geräusche?
Wenn es traurig ist, dann sagt man auch, daß es still ist.

D) Das Gedicht von Hans Manz[15] kann Ohren öffnen für die Welt:

Das Gras wachsen hören

> *Hört das Gras wachsen,*
> *die Wolken fahren,*
> *die Schmetterlinge flattern!*
>
> *Hört die leisen Töne,*
> *damit euch niemand*
> *für abgestumpft hält.*
>
> *Hört die leisen Winke,*
> *noch bevor jemand*
> *mit dem Zaunpfahl anrückt.*
>
> *Hört den leisen Verdacht*
> *im Unterton einer Frage,*
> *dann seid ihr gewappnet.*
>
> *Hört die Schweigsamen grollen,*
> *die Stillen aufbegehren,*
> *die Stummen schreien.*

E) Ein Stille-Bild malen (☞ Kap. 2)

F) Reflexion über die Stille

- mit Hilfe einer Geschichte[17]
  Eine Geschichte erzählt von vier Schülern, die sieben Tage lang Schweigen bewahren wollten. Am ersten Tag waren sie alle still. Ihr Schweigen hatte vielversprechend begonnen, aber als es Nacht wurde und die Öllampen schwächer leuchteten, konnte sich ein Schüler nicht zurückhalten, einem Diener zuzurufen: »Sieh nach den Lampen!« Der zweite war überrascht, den ersten reden zu hören: »Wir wollten doch kein Wort sprechen«, sagte er. »Ihr seid beide dumm. Warum redet ihr?« fragte der dritte. »Ich bin der einzige, der nicht gesprochen hat«, stellte stolz der vierte Schüler fest.
- mit Hilfe von Impulsfragen[18]:
  Wäre es richtig zu sagen, daß Stille zum Klang so ist wie Dunkelheit zum Licht?
  Wäre es richtig zu sagen, daß Stille zum Klang so ist wie der Hintergrund zu einem Bild?
  Bedeuten die Wörter »Stille« und »Frieden« dasselbe?
  Bedeuten die Wörter »Stille« und »Ruhe« dasselbe?
  Könnte jemand sprechen wollen und trotzdem schweigen?
  Könnte jemand schweigen und trotzdem sprechen?
  Spricht Stille manchmal Bände?

Kann Stille voll von Haß sein?
Kann Stille voll von Liebe sein?
Kann Stille wunderschön sein?
Ist Stille etwas oder nichts?

Alle hier skizzierten Anregungen verstehen sich mit Georg Hilger als kleine Schritte auf dem Weg zu einem neuen Umgang mit der Zeit in der Schule, hin zu einer »Lernkultur,

- ☐ die zu Umwegen ermutigt und anleitet,
- ☐ die nicht nur ein Voranschreiten, sondern auch ein Zurück und ein Verharren zuläßt,
- ☐ die die Fremdheit der Lerngegenstände schützt,
- ☐ die Lernwiderstände zuläßt und entdecken läßt,
- ☐ die zu schnelle Antworten, Lösungen und Formeln prinzipiell verdächtigt,
- ☐ die es ermöglicht, auch in sinnliche Fühlung mit den Lerngegenständen zu kommen,
- ☐ die mit Phantasie die verlangsamte Wahrnehmung fördert,
- ☐ die die Rückfragen der Nachhinkenden achtet,
- ☐ die in der erwartenden Aufmerksamkeit und wartenden Offenheit eine Tugend sieht,
- ☐ die das Stammeln, Grübeln und die Sprachlosigkeit zuläßt,
- ☐ bei der ein stilles Nachdenken und Dasitzen erwünscht sind,
- ☐ bei der es Zeiten gibt für Beziehungen und die Aufmerksamkeit für den anderen,
- ☐ bei der man vielleicht hier und da die Zeit vergessen darf.«[19]

6 In Bildworten der Bibel sich selbst entdecken

Umgang mit einer »Psalmwort-Kartei« in Religionsunterricht und freier Arbeit[1]

Der Beginn ...

Religion in einem 4. Schuljahr: Nach einer Stilleübung im Sitzkreis legen wir den Kindern verschiedene Satzkarten vor und bitten sie, sich in einen Menschen hineinzuversetzen, der so spricht, und dazu eigene Gedanken zu äußern:

■ **Ich bin wie ein zerbrochenes Gefäß**

»Wenn man verliebt ist, und die Liebe geht verloren.«

»Wenn einer Poker spielt und immer wieder verliert.«

»Der hat vieles verloren in seinem Leben.«

»Der stellt sich vor, daß er alle Sachen im Gefäß hat, und dann ist es verloren gegangen.«

»Da ist einer weg, und dann wird seine Frau umgebracht und seine wertvollsten Stücke werden ihm genommen. Da ist ein Mensch zerbrochen. Das ist wie: Ich habe ein gebrochenes Herz.«

»Man fühlt sich, als ob man ganz zerbrochen ist.«

»Da hat einer einen Kranken versorgt, und der ist dann weg, der kommt nicht mehr.«

»Die Katze stirbt.«

■ **Ich höre, wie viele über mich lästern**

»Wenn man Schlechtes über andere sagt.«

»Vielleicht sagt das Gott, weil man Gott etwas in die Schuhe schiebt, und er hört das und sagt das dann.«

»Wenn man einen ausstößt.«

■ **Ich vertrockne wie Heu**

»Wenn man in der Wüste ist.«

»Ein Bettler, der verdurstet.«

»Das genauso hat meine Oma gestern gesagt. Sie hat gesagt, die Lebensjahre kommen ihr so kurz vor.«

»Die hat damit ihr Leben gemeint.«

Ein Junge erklärt den Lebensweg eines Menschen vom Baby- bis ins Greisenalter und beschreibt das zunehmende »Vertrocknen«.

»Mein Hase ist gestorben, er ist so schnell gestorben, wie Heu vertrocknet.«

■ **Sie aber stehen da und schauen auf mich herab**

»Ein Bettler an der Straße, auf den schauen die Leute herab.«

»Wenn einer aus dem 4. Schuljahr jemanden aus dem 1. Schuljahr tritt.«

»Jemand zieht mir die Strickleiter von oben weg.«

»Wenn jemand neidisch ist.«

■ **Willst du mich denn für immer vergessen?**

Ein Mädchen erzählt von einer Scheidung.

»Am Anfang sagt man: Ich will dich nie vergessen, aber wenn einer gestorben ist, hat man ihn doch schnell vergessen.«

Widerspruch: »Nee, das mach ich nicht!«

Diese fast vollständige Wiedergabe unseres Einstiegs in die Auseinandersetzung mit Psalmworten vermittelt auch in der Beschränkung auf die Wortbeiträge noch einiges von dem unmittelbaren Angesprochen- und Berührt-Sein der Kinder. Es war der Beginn einer ungewöhnlichen Unterrichtsreihe.

Der religionspädagogische Hintergrund: Kinder entdecken sich selbst in Psalmen

Die Entdeckung der Psalmen für die religionspädagogische Arbeit mit Kindern verdanken wir Ingo Baldermann.[2] Sein elementarer Umgang mit der Bibel und insbesondere mit den Psalmen hat unsere Unterrichtsreihe inspiriert. Seine Grundentscheidung, die Kinder nicht mit ganzen Psalmtexten, sondern mit elementaren Sätzen zu konfrontieren, die Grund- und Lebenserfahrungen bereits von Kindern widerspiegeln, war auch die Basis unseres Arbeitens. Den Kindern wird eine für sie zunächst fremde Sprache angeboten, die in »starken« Bildern Erfahrungen ausdrückt, die sie kennen und in denen sie sich wiederfinden. In diesem Sinne sind die Psalmen auch heute noch »Gebrauchstexte«[3], die Menschen Sprache anbieten, z.T. in Situationen, die »sprachlos« machen.

Unser Umgang mit den Psalmen unterschied sich vom Vorgehen Baldermanns neben methodischen Einzelentscheidungen vor allem durch den Akzent des freien Arbeitens, der nach der Einführung der Materialien in besonderer Weise zur Geltung kam. Im folgenden werde ich die Entwicklung der Materialien und unseren Unterricht mit ihnen beschreiben, mündliche, schriftliche und bildnerische Äußerungen der Kinder dokumentieren und dabei auf Beobachtungen im Bereich des wörtlichen bzw. symbolischen Verstehens der Kinder sowie auf grundsätzliche Aspekte von freier Arbeit und Religionsunterricht eingehen. Vorrangig möchte ich zum Umgang mit Psalmworten mit Kindern ermutigen, wozu auch die exemplarisch dargestellten Materialien Hilfen geben.

Die Entwicklung der »Psalmwort-Kartei«

A) Suche nach elementaren Sätzen

Am Anfang meiner Vorbereitung stand die eigene Auseinandersetzung mit den Psalmen. Ich las alle 150 Psalmen – wegen der Bildhaftigkeit der Sprache in der revidierten Luther-Übersetzung[4] – mit doppelter Fragestellung:
Zu welchen Sätzen finde ich selbst Zugang?
Wo sind Erfahrungen angesprochen, die auch Kindern vertraut sind?

B) Formulieren der Sätze

Jeden gefundenen Satz mit Grunderfahrungen des Lebens schrieb ich auf eine Karte. Je kürzer die Sätze, desto treffender sind sie. Neben dem Luther-Text zog ich eine zurückhaltende Übertragung der Psalmen in die heutige Sprache[5] und die Einheitsübersetzung zu Rate und veränderte ggf. behutsam die Übersetzung Luthers, ohne die biblische Sprache zu glätten und zu entbildlichen. Nennungen Gottes wurden zu »Du«-Sätzen umformuliert.

C) Sortieren der Sätze

Im nächsten Schritt versuchte ich, die ermittelten Psalmworte inhaltlich zu sortieren. Aus der »klassischen« Einteilung der Psalmen in klagendes und lobendes Sprechen ergab sich die Differenzierung in Trauer, Angst, Wut einerseits und Vertrauen und Freude andererseits.

D) Hinzunahme von Kinder-Fotos

Mein Wunsch, eine weitergehende Strukturierung der Sätze über Bilder zu erreichen, wurde am besten von einer Fotoserie mit Bildern eines Kindes in verschiedenen Stimmungen erfüllt.[6] Mir war wichtig, das Spektrum menschlicher Gefühle immer am selben Kind zu sehen.

E) Strukturieren der Sätze mit Hilfe der Fotos

Als Ergebnis verschiedener Strukturierungsversuche entstand am Ende eine »Kartei« mit insgesamt 120 Psalmworten zu sieben Bereichen auf kleinen Karten, die jeweils durch eine Überschrift und ein dazugehöriges Kinderfoto charakterisiert sind (Beispiele s.u.):

I	Traurig und allein sein	13 Karten
II	Angst haben und erschrocken sein	13 Karten
III	Schmerzen haben und totsein wollen	9 Karten
IV	Mutlos sein und sich nichts zutrauen	9 Karten
V	Wütend sein und sich beklagen	16 Karten
VI	Zufrieden sein und sich anvertrauen	36 Karten
VII	Sich freuen und glücklich sein	24 Karten

Die stärkere Ausdifferenzierung bei den »negativen« Gefühlen (I - V) – didaktisch gewollt und biblisch begründet durch die Grundbewegung aller Psalmen von der Klage zum Lob und durch das Übergewicht der Klagepsalmen im AT (90 von 150) – wird durch die höhere Anzahl an Karten zu VI und VII relativiert.

F) Exemplarische Materialien

Psalmworte:
Ein kleiner Teil der so gefundenen Psalmworte sei hier dokumentiert. Am besten ist es, sich selbst auf die Suche zu begeben!

I Traurig und allein sein
Wie lange wirst du dich vor mir verstecken? (13,2)
Ich bin ausgeschüttet wie Wasser. (22,15)
Ich bin so einsam, und mir ist so elend. (25,16)
Vater und Mutter haben mich verlassen. (27,10)

II Angst haben und erschrocken sein
Die Angst meines Herzens ist groß. (25,17)
Ich höre, wie viele über mich lästern. (31,14)
Sie fordern von mir, wovon ich nichts weiß. (35,11)
Sie haben mir Füßchen gestellt. Sie haben eine Grube für mich gegraben. (57,7)

III Schmerzen haben und totsein wollen
Auch in der Nacht schreie ich, ich komme nicht zur Ruhe. (22,3)
Meine Knochen fallen auseinander. Mein Herz ist wie Wachs, es schmilzt mir im Körper. (22,15)
Du hast mich in den Staub geworfen, ich muß sterben. (22,16)
Ich bin verstummt und still und schweige fern der Freude und muß mein Leid in mich fressen. (39,3)

IV Mutlos sein und sich nichts zutrauen

Ich bin am Ende und frage dich: Wie lange noch? (6,4)
Ich bin wie ein Wurm, kein Mensch mehr, von den Leuten verspottet und verachtet. (22,7)
Sie reden nie Gutes über die Stillen im Lande. (35,20)
Ich habe mehr Fehler als Haare auf dem Kopf. (40,13)

V Wütend sein und sich beklagen

Du hast uns zerbrochen: Nun stell uns wieder her! (60,3)
Ich bin von dir entsetzt, darum bin ich verstummt. (88,17)
Wenn du die Menschen lieb hast, denk auch an mich! (106,4)
Verlaßt euch nicht auf die Großen der Welt. Dort ist keine Hilfe. (146,3)

VI Zufrieden sein und sich anvertrauen

Du richtest mich auf. (3,4)
Du tröstest mich in Angst. (4,2)
Du verläßt nicht die, die nach dir fragen. (9,11)
Vater und Mutter haben mich verlassen, du aber wirst mich aufnehmen. (27,10)
Du bist Sonne und wärmst uns. (84,12)
Du kennst mich bei meinem Namen. (91,14)
Du verzeihst mir meine Fehler. (103,3)
Du sättigst mein Leben mit Gutem. (104,28)
Du bewahrst meine Augen vor Tränen, meine Füße vor dem Stolpern. (116,8)
Du machst die Gefangenen frei und die Blinden sehend. (146,7)
Du bist es, der Frieden schafft. (147,14)

VII Sich freuen und glücklich sein

Mich hast du froh gemacht. Ich schlafe ganz mit Frieden. Nur du gibst mir Geborgenheit. (4,7.9)
Ich freue mich über dich, ich bin überglücklich und will dir singen. (9,3)
Mit dir kann ich Hindernisse überwinden. Mit dir springe ich über Mauern. (18,30)
Am Abend mag man wohl weinen, doch morgens kommt wieder die Freude. (30,6)
Den Sack der Trauer nahmst du mir fort und gabst mir ein fröhliches Kleid. (30,12)
Du hast meine Klage verwandelt in Tanzen. (30,12)
Licht ist dein Kleid, das du anhast. (104,2)
Wer mit Tränen sät, kann mit Freuden ernten. (126,5)
Wie ein gestilltes Kind bei seiner Mutter, so still bin ich. (131,2)
Du hast mich gebildet im Mutterleib. Ich danke dir dafür, daß ich so wunderbar gemacht bin. (139,13f)

Psalmkarte und zwei Kinderfotos: ☞ Seite 86

PSALMKARTE

Exemplarische Fotos

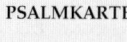

I
»ICH BIN
WIE EIN ZERBROCHENES
GEFÄSS«

31,13

I TRAURIG UND ALLEIN SEIN

II ANGST HABEN UND ERSCHROCKEN SEIN

... *wie es weiterging* ...

Der oben erzählte Einstieg war der Beginn einer schrittweisen Heranführung der Kinder an die Materialien. So lernten sie in dieser ersten Stunde exemplarisch je einen Psalmensatz aus jedem Bereich (oben dokumentiert: I-V) kennen, ohne zu wissen, woher diese Sätze kommen. Wie intensiv sie bei der Sache waren, zeigte sich am Anfang der nächsten Stunde, als sie gemeinsam alle sieben Sätze wortwörtlich rekonstruieren konnten. Daraufhin suchte sich jedes Kind in Gedanken bei ruhiger Musik einen Satz aus, schrieb ihn auf ein am Tisch bereitliegendes Blatt mit vorgezeichnetem Bilderrahmen und Schreiblinien, malte zu diesem Psalmwort ein Bild und schrieb eigene Gedanken dazu auf. Für das freiwillige Vorstellen und das Gespräch über die Bilder nahmen wir uns eine weitere Stunde Zeit.

Im nächsten Schritt assoziierten die Kinder ihre Gedanken zu den sieben einzeln vorgelegten Fotos von dem Mädchen in den verschiedenen Gemütslagen. Schon sehr bald brachten sie die Bilder mit den Sätzen in Beziehung: »Das erste da, das ist wie ICH BIN WIE EIN ZERBROCHENES GEFÄß!« Wir suchten Überschriften, die für alle Bilder gemeinsam passen:

Das total traurige, fröhliche Mädchen
Gefühle eines Mädchens
Der Lauf des Lebens
Angst und Hoffnung
Ich bin froh – ich bin traurig
Ich fühle mich mal so, mal so

Erst nach dieser Einführungsphase wurden die Kinder mit allen Materialien konfrontiert: Im Raum lagen entsprechend den oben genannten Bereichen sieben Prospekthüllen (DIN-A-5, Klarsichtfolie) mit Überschrift und jeweiligem Foto vorn und den zugeordneten Psalmkarten innen. Die Kinder hatten sich nach Ansicht der Fotos wiederum eines in Gedanken ausgesucht (ggf. das, was ihr derzeitiges Gefühl am besten darstellt), gingen nun zu diesem Foto, lasen sich die Karten dazu durch und suchten sich eine Karte aus. Zu dieser Karte arbeitete jedes Kind nach eigener Wahl der Methode (malen; Gedanken und Geschichten schreiben).

In der Folgezeit stand die Psalmwort-Kartei in Freiarbeitsphasen zur Verfügung. Im Rahmen der Wochenplanarbeit führten die Kinder eine »freie Arbeit Religion« durch. Zur eigenen Steuerung trugen sie ihre Arbeiten in eine Liste ein (zu welchem Bereich/mit welcher Methode?). Die fertiggestellten Schülerarbeiten wurden in sieben Aktenordnern gesammelt – für jeden Bereich gab es einen mit dem Foto des Kindes beklebten Ordner. Im Religionsunterricht wurden z.T. Ergebnisse vorgestellt, z.T. auch weitere Zeit zur freien Arbeit gegeben. Neben der Auseinandersetzung der einzelnen und dem gemeinschaftlichen Austausch war die Erstellung eines Buches mit allen Ergebnissen, »Unser Psalmenbuch«, eine weitere Motivation für alle Kinder.

Notwendig erschienen uns beim weiteren Vorgehen als neuer Motivationsschub konkrete inhaltliche Impulse zum Ursprung der Sätze, mit denen wir uns nun schon einige Zeit beschäftigt hatten. Die Eingangsfrage nach der Herkunft der Sätze wurde »natürlich« mit der Bibel bzw. dem Religionsbuch beantwortet. Auf meinen skeptischen Hinweis hin, daß auf keinem der Karten das Wort Gott vorkomme, meinte ein Mädchen: »Aber man merkt doch, daß in alle Worte Gott mit eingewickelt ist.« Treffender kann man es nicht sagen.

Es folgte eine »Einführung« in das Buch der Psalmen: Sachinformationen auf Plakaten mit visueller Unterstützung durch Bilder (vor 2500-3000 Jahren entstanden/150 Gedichte auf 5 Pergamentrollen/in hebräischer Sprache/genannt »tehellim« (Preisungen)/griechisch »psalmoi«/das Buch der Psalmen: Gebetbuch für Juden und Christen), Wiederholung und Vertiefung auf einem Arbeitsblatt mit denselben Bildern und einem Lückentext.[7]

Für die Freiarbeit verteilten wir nun konkrete Aufgaben zu bestimmten Karten:

☐ alle Karten zu Psalm 22 heraussuchen (die Versangaben auf den Karten lernten die Kinder schnell verstehen), hierzu Bilder malen, so daß der Psalm 22 in Bildern von Kindern entsteht,
☐ alle Karten mit bestimmten Wörtern heraussuchen (etwa »Herz«, »Hand«, »weinen«), dazu eigene Gedanken oder Geschichten schreiben,
☐ bestimmte (angegebene) Karten heraussuchen, eine Geschichte schreiben, in der diese Sätze vorkommen,
☐ zu einem Bild – Radierungen von Chagall, Zeichnungen von Käthe Kollwitz u.a. standen zur Verfügung – verschiedene passende Wortkarten suchen, die Psalmsätze unter das Bild schreiben und ggf. kommentieren.

In der Auseinandersetzung mit den Psalmen entdeckten die Kinder viel Neues über sich und die anderen. Aber auch wir lernten die Mädchen und Jungen besser kennen, ihre Erfahrungen, ihre Gefühle und ihre Art, religiös zu denken und zu verstehen.

Wörtliches und symbolisches Verstehen der Kinder

Die Möglichkeiten symbolischen Verstehens von Kindern im Grundschulalter werden in der religionspädagogischen Diskussion unterschiedlich beurteilt. Eine »optimistische« Einschätzung findet sich am deutlichsten in der Didaktik von H. Halbfas, der Kinder von früh an in die religiöse Sprache, d.h. die Sprache der Symbole, einführt und sich mit dem Hinweis auf die Fähigkeit der Kinder zu Intuition und Teilhabe am symbolischen Verstehen der Erwachsenen auch nicht scheut, Symbole als Symbole zu thematisieren und zu reflektieren. Dem steht eine eher »pessimistische« Einschätzung gegenüber, am stärksten artikuliert von A. Bucher, der sich in der Tradition der Entwicklungstheorie Piagets auf den konkreten und handlungsbezogenen Umgang mit Symbolen beschränkt.[8] Um es mit den vielzitierten Worten P. Ricoeurs zu sagen: Während Halbfas die Notwendigkeit einer ersten Anbahnung von »Zweiter Naivität« (Unmittelbarkeit) schon für das Grundschulalter unterstreicht (Symbole als Symbole verstehen lernen), begründet Bucher entwicklungspsychologisch die Bedeutung der »Ersten Naivität« für diese Altersstufe (Symbole wörtlich verstehen).[9] Letztlich allen Positionen gemeinsam ist die Vorstellung, daß ein Stadium symbolischen Verstehens irgendwann eine Phase wörtlichen Verstehens ablöst: ein Denken in Stufen.[10]
Horst Rumpf stellt diese in unserer Lernkultur allmächtige Vorstellung von Lernstufen grundsätzlich in Frage:

»Was die ideale Ablauffigur angeht, so ist unsere Lernkultur durchweg gesteuert vom Bild der Lernstufen. In die Inhalte wie in die Menschenfähigkeiten pflegen wir uns Stufen hineinzudenken und sie als gestuft zu modellieren; jeder, der etwas lernen will, hat Stufe um Stufe zu betreten und hinter sich zu bringen, um ans Ziel seines Lernens zu kommen. ... Darüber sind uns Formen der Weltaneignung fast entschwunden, die nicht eine Stufe nach der anderen hinter sich zu bringen heischen, die Lernzeit nicht als »Wegzurücklegungszeit« auf ein anzusteuerndes Ziel hin verwirklichen, sondern als kreisende, tastende Vergegenwärtigung«[11].

Unsere unterrichtlichen Erfahrungen bzw. die im Unterricht entstandenen Schülerarbeiten widersprechen ebenfalls einem solchen Stufendenken und können zugleich zwischen den oben beschriebenen gegensätzlichen Positionen vermitteln.

Unsere auffälligste Beobachtung beim Umgang der Kinder mit den Psalmworten war die Gleichzeitigkeit wörtlichen und symbolischen Verstehens. Die Kinderäußerungen zu dem »zerbrochenen Gefäß« (☞ o.) zeigen das exemplarisch. Immer wieder fiel uns auf, daß Kinder einen bildhaften Satz wörtlich *und* übertragen verstanden. Erschien uns das zunächst als Aussagen von Kindern auf unterschiedlicher »Stufe«, stellten wir immer mehr fest, daß es dieselben Kinder sind, die beides ohne Probleme zusammenbringen. Bei den Bildern wird das am deutlichsten. Zum Satz vom »zerbrochenen Gefäß« wird auf einem Bild gemalt und dazu schriftlich kommentiert: »Das Herz, der Stein, die Vase, die Welt, alles ist zerbrochen« oder »Freunde lieben sich nicht mehr, und Vasen zerbrechen« (☞ Abb.). Das eine (wörtlich Verstandene) veranschaulicht das andere (symbolisch Gemeinte). Es steht für die Kinder ohne Verständnisprobleme gleichwertig nebeneinander. Ein Mädchen malt eine traurige Frau, die »fühlt sich wie ein zerbrochenes Gefäß«, und zur Verdeutlichung gießt sie die Blumen mit einer durchlöcherten Gießkanne. Ein Junge malt eine Frau vor einer weißen Tür, hinter ihr einen tiefschwarzen Himmel mit einer Sonne, schreibt unter das Bild: »Die Frau hat ein so gebrochenes Herz, daß die Welt untergeht«, und besteht darauf, daß das, was er außerhalb der Frau gemalt hat, zeigen soll, wie es in ihr aussieht (☞ Abb.).

Selbst bei der Arbeit mit Psalmsätzen in einem 2. Schuljahr (!) machten wir dieselben Erfahrungen (☞ Kap. 9). Z.B. malt ein Mädchen zum Satz »Du bist Sonne und wärmst uns« eine Mutter am Bett ihres Kindes mit Regenbogen, Regen, Wolken und Sonne und erklärt uns dazu wörtlich: »Das ist ein zweifaches Bild. Einmal ist es die Mutter, die für das Kind Sonne ist, und einmal ist es die Sonne am Himmel« (☞ Abb.). Solche »zweifachen« Bilder entstanden in großer Zahl.

„Ich bin wie ein zerbrochenes Gefäß."
Ich bin unglücklich und möchte allein sein.
Freude gibt es fast garnicht mehr für mich.

„Ich bin wie ein zerbrochenes Gefäß."

Freunde lieben sich nicht mehr
und Vasen zerbrechen.

„Ich bin wie ein zerbrochenes Gefäß."
Die Frau hat ein so gebrochenes Herz
das die Welt unter geht.

DU BIST SONNE UND WÄRMST
UNS

Ingo Baldermann kommt im Hinblick auf den Umgang der Kinder mit den Metaphern der Klagepsalmen zu einer ähnlichen Einschätzung:
»Ich habe anfangs immer gemeint, ein realistisches Verständnis dieser Bilder stehe dem Zugang zu dem eigentlich Gemeinten im Wege, bis ich begriff, daß sich bei Kindern das Verstehen mühelos zwischen beiden Ebenen hin- und herbewegt. Die Bilder der Klagepsalmen sind nicht nur innere, sondern auch äußere Bilder, surreal im eigentlichen Sinne des Wortes: real gezeichnet und doch zugleich die Zusammenhänge der realen Welt um uns sprengend, über sie hinausweisend, so wie die Bilder unserer Träume oder auch die Bilder surrealistischer Malerei. Das scheint mir der Schlüssel zu sein: Die Kinder gehen so mühelos mit diesen Bildern um, weil sie in ihnen die Bilder ihrer eigenen Träume wiedererkennen.«[12]

All diese Beispiele und Überlegungen legen für uns die Vermutung nahe, daß für Kinder schon vom Grundschulalter an sowohl wörtliches als auch symbolisches Verstehen parallel ohne kognitive Probleme möglich ist. Wenn das so ist, ist das Heranführen an ein symbolisches Verständnis biblischer bzw. religiöser Sprache (s. Position Halbfas) ohne Konkurrenz zum selbstverständlich vom Unterrichtenden akzeptierten wörtlichen Verstehen des Kindes (s. Position Bucher) dringliche Aufgabe des Religionsunterrichts schon in der Grundschule. Wie zur Bestätigung führten uns die Kinder ihre Möglichkeiten symbolischen Ausdrucks gegen Ende unseres Umgangs mit den Psalmen auf eine Weise vor Augen, die uns »sprachlos« machte.

... zu guter Letzt: Die Psalmworte der Kinder

Als die Kinder aus ihren Geschichten und Gedanken vorlasen, entdeckten wir, daß wir als Hörer teilweise gar nicht mehr unterscheiden können, ob ein Satz jetzt »über 2500 Jahre oder nur zwei Tage« alt ist. Das brachte uns auf die Idee, eigene »Psalmworte« zu schreiben und zunächst im Rahmen eines »Spiels« zu versuchen, sie wieder unter alten Psalmworten herauszufinden.
Die eigenen Worte der Kinder in der Sprache der Psalmen, die sie sich mühsam abgerungen hatten, erstaunten uns (die Kinder eingeschlossen) so sehr und hatten einen solchen Eigenwert, daß wir sie auf Karten in unsere Psalmwort-Sammlung gleichwertig aufnahmen. Ich will sie auch hier ausführlich dokumentieren.

Ich bin so froh wie Kinder, die lachen.
Ich verdampfe wie Wasser.
Ich bin wie ein See ohne Wasser.
Ich fühle mich wie ein Füller, in dem keine Patrone ist und mit dem trotzdem geschrieben wird.

Mein Herz blüht wie eine Rose auf.

Ich bin blind, doch wenn ich dich befühle, sehe ich dich vor mir.

Du rennst weg, ich renne dir nach, aber du sagst nichts.

Ich gehe ein wie ein kleines Holz, das abbrennt.

Ich fühle, wie du mich im Inneren verläßt.

Du erwärmst mich mit soviel in meinem Herzen wie die Sonne die Erde.

Werden wir lieben, so lieben auch sie hier auf Erden, nahe bei Gott.

Ich bin wie eine verrostete Stange, die seit 100 Jahren im Wasser liegt.

Ich versinke langsam in dem tiefen Sand, den du in deiner Hand hältst.

Ich bin wie eine Säule eines alten Theaters, das niemand besucht.

Ich fühle mich wie ein Stock, der im Moor versinkt.

Ich bin wie Regen und Sonne. Manchmal traurig, manchmal glücklich.

Hunde haben mich umzingelt, ein Band von Unrechtstränen hat mich erreicht. Ich muß sterben. Das Böse hat mich umzingelt, und da die Hunde verschwanden, war ich froh.

Ich magere ab, weil ich nichts zu essen kriege.

Ich bin dumm, doch du lehrst mich lesen und schreiben.

Die Blumen sind verwelkt, die Bäume neigen ihre Äste, und Mutter und Vater haben mich vergessen. Senke du deine Augen über mich und hilf mir.

Ich fühle mich wie ein kleines Kind, das zum erstenmal in die Schule geht.

Ich bin allein. Andere Kinder haben sich über mich lustig gemacht. Mir kullert die erste Träne über meine Backen.

Ich fühle mich wie ein Haufen Asche, der vom Wind weggeweht wird.

Ich sehe in Menschen ein Licht der Freundlichkeit.

Ich werde dich begleiten, wohin du auch gehst.

Ich fühle mich, als ob ich auf einem Berg stehe und trotzdem nicht auf die Erde herabschauen kann und auch nicht herunterkommen kann.

Ich bin wie ein Tisch, der abgeschoben in der Ecke steht.

Ich habe dich lieb, solange ich lebe.

Meine Familie ist weg. Ich lasse meinen Körper sinken und denke nach. Was soll ich machen? Ich bin traurig. Meine Seele ist zerbrochen, wie ein Gefäß. Alle gucken mich an.

Du bist wie die Sonne. Du bist ein schöner Gedanke. Du bist mein eigen Leib. Du bist die Liebe.

Meine Gestalt ist wie ein Hauch eines Gebildes, besteht nur noch aus einer leeren Hülle. Du gabst mir Gestalt.

Unterschiedliche Motivationen sind in diesen Sätzen ablesbar: eigene Erfahrungen zur Sprache bringen, kreativ-spielerisch mit Sprache umgehen, Psalmfragmente in neuen Zusammenhängen aufgreifen, neue Metaphern aus Alltagserfahrungen bilden. Die Nähe zur Sprache der Psalmen zeigt sich nicht nur in der Freude an Metaphern und bildhaften Vergleichen, sondern auch in der spürbaren Kraft der Worte und im intuitiv fast durchgängig eingehaltenen Sprachrhythmus der Sätze. Die vielleicht hinter einigen Sätzen zu vermutende persönliche Dramatik ist nicht gegeben. Und dennoch erwachsen alle Sätze aus einer Betroffenheit und Ernsthaftigkeit, die spürbar war, als wir sie im Sitzkreis vortrugen: das war kein »Spiel«, wie ursprünglich gedacht. Hier haben Kinder sich selbst zum Ausdruck gebracht, in erstaunlichen Bildern, die ihre Nähe und ihren Zugang zu metaphorischer Sprache eindrucksvoll bezeugen (☞ Kap. 10).

Die Kinder konnten selbst in Worte fassen, warum ihnen das Schreiben eigener Psalmsätze so wichtig war: »Das ist etwas zum Nachdenken, dabei fallen einem Erlebnisse ein, die man schon einmal hatte.« – »Dabei kann man sich in die Menschen von früher hineinversetzen, lernt etwas von ihnen und ihrer Sprache.« Korrelative Äußerungen dieser Art finden sich in vielfältiger Weise in dem Psalmenbuch der Kinder.

»›Willst du mich denn für immer vergessen?‹ (Ps 13,2), fragt die Natur den Menschen« (zu einem Bild zur Umweltverschmutzung).

»Als meine Oma gestorben ist, habe ich mich traurig und verlassen auf mein Bett gesetzt. Ich fragte: ›Warum hast du mich verlassen?‹ (Ps 22,2, R.O.) Ich wußte zwar genau, warum, aber ich fragte mich trotzdem. Es war keine schwere Antwort, aber eine traurige. Viele Menschen verlassen einen, ohne es zu wollen. Sie sterben.«

Zu Ps 91,14 »Du kennst mich bei meinem Namen« erzählt ein Mädchen vom Schmerz der Trennung von der Kinderfrau, aber: »Wir können uns oft schreiben, und das ist ein Trost.«

Die Kinder erzählen von ihren Problemen mit Freunden, Geschwistern und Eltern, (er)finden Märchen von Kindern, die von Vater und Mutter verlassen wurden, und Geschichten aus der Geschichte (Judenverfolgung im Dritten Reich).

Unsere Ausrichtung auf »handfeste« Ergebnisse für unser Psalmenbuch beinhaltete eine Akzentsetzung auf Methoden des Malens und Schreibens. Hier sind natürlich weitere Möglichkeiten denkbar, z.B.:

die Umsetzung eines Psalmwortes

– in einem Rollenspiel oder einer Pantomime,
– in Bewegung und Tanz,
– das gestaltete Sprechen der Psalmworte,
– das Verklanglichen von Gefühlen,
– die Darstellung in einer Arbeit mit Ton,
– das Zusammenbringen von Instrumentalmusik mit Psalmworten.

Am Ende lasen wir zum ersten Mal ganze Psalmen: Klagepsalm 22, den wir gleichzeitig in den Bildern der Kinder sehen konnten, und Schöpfungspsalm 104. Die Materialien blieben den Kindern zur freien Verfügung in der freien Arbeit zugänglich.

Damit komme ich nochmals auf den Aspekt der Freiarbeit zurück und möchte aus den Erfahrungen mit dem Psalmenmaterial abschließend hierzu einige Thesen zur Diskussion stellen.

Überlegungen zu freier Arbeit und Religionsunterricht

1 Entsprechend der Wiederentdeckung reformpädagogischer Ansätze in der Schulpädagogik, vor allem in der Praxis der Grundschule, ist ein verstärktes Nachdenken in der Religionspädagogik über Möglichkeiten der freien Arbeit[13] und Entwicklung entsprechender Materialien zu begrüßen und schon deshalb erforderlich, damit in den Zeiten entdeckenden, selbstbestimmten Lernens in der freien Arbeit der Religionsunterricht nicht mangels »Angebot« ins Abseits gerät.

2 Materialien zur freien Arbeit Religion sollten nicht unter der Prämisse der Eigentätigkeit des Kindes wesentliche religionspädagogische Zielsetzungen wie Erfahrungsorientierung, Förderung von Kreativität, Heranführung an religiöse Sprache vernachlässigen, d.h. der Umgang mit ihnen sollte sich nicht im Zuordnen und Nachvollziehen strukturell vorgegebener Handlungen erschöpfen, sondern überraschende, unplanbare, aus der Individualität des Kindes erwachsende Prozesse und Ergebnisse provozieren.

3 Auf Religion bezogene freie Arbeit kann das »Fach« Religion – verstanden als ein kommunikatives, dialogisches Geschehen zwischen Kindern untereinander und mit der oder dem Unterrichtenden, das religiöse Lernprozesse beinhaltet, initiiert und begleitet – nicht ersetzen, sondern es als eine Arbeitsform neben anderen ergänzen und bereichern. Das erfordert in der Regel eine exemplarische Hinführung zu den Materialien im Religionsunterricht und ein Einbringen und Rückbinden dessen, was im Rahmen der freien Arbeit geschieht, in ein auf Religion bezogenes gesamtunterrichtliches Geschehen. Insofern spreche ich aus religionspädagogischer Perspektive lieber von »Phasen« freier Arbeit.

4 Religionsbezogene Freiarbeitsmaterialien sollten wesentliche fächerübergreifende Aspekte beinhalten – für die hier vorgestellten Materialien z.B. »Kreatives Schreiben« aus Sicht der Deutsch-Didaktik und »Bildnerisches Gestalten« aus Sicht der Kunst-Didaktik – , so daß die Arbeit mit ihnen immer auch aus Perspektive der anderen Lernbereiche motivierend und bereichernd ist.

5 Es sollte also weder um eine »Auflösung« des Faches Religion durch freie Arbeit noch um eine neue Isolation von Religion innerhalb der freien Arbeit gehen, sondern um eine gegenseitige Bereicherung zwischen Religion und den anderen Fachrichtungen und um die Aufwertung des Faches Religion in motivationaler, inhaltlicher und methodischer Hinsicht. Dazu bedarf es (religions)didaktisch anspruchsvoller Freiarbeitsmaterialien!

7 »Wo kommen wir hin, wenn wir tot sind?«

Mit Kindern über Tod und Auferstehung sprechen

»Zeit zum Totsein – Zeit zum Leben«: Diese beiden Bilder, gemalt von einem Mädchen nach dem Hören des Kohelet-Gedichtes (Koh 3, 1-8, ☞ Kap. 5), haben mich beeindruckt. Den Zustand im Tode selbst als »Sein« zu bezeichnen, gibt uns Erwachsenen, die wir immer schön zwischen Tod und Auferstehung unterscheiden, zu denken. Das Kind hat den Kohelet-Vers »Eine Zeit zum Gebären und eine Zeit zum Sterben« vermutlich unbewußt in einen Vers zu Tod und Leben »verwandelt«, so daß der von links nach rechts Schauende bzw. Lesende mit einer impliziten Glaubensaussage konfrontiert wird. Der Tod ist nicht das Ende.[1]

Dieses Doppelbild ist eines von vielen Beispielen dafür, daß sich Kinder schon sehr früh, nicht nur aus akutem Anlaß und oft sehr unbefangen mit dem Tod beschäftigen. Die Fragen der Kinder nach dem Tod schließen häufig die Frage nach dem »Danach« mit ein und machen auch vor Gott nicht halt (☞ Kap. 1): Warum müssen wir Menschen sterben? Wo kommen wir hin, wenn wir tot sind? Hört das Leben auf der Erde nie auf? Wenn Gott stärker als der Tod ist, warum schafft er dann den Tod nicht ab? Wird Gott nie sterben?

Die folgenden Überlegungen und Unterrichtselemente wollen Hilfe und Mut geben, mit Kindern Gespräche über den Tod zu führen, ihre Ängste zur Sprache kommen zu lassen und mit ihnen Bilder der Hoffnung zu suchen, um so die Frage nach dem Tod zu einer Frage nach und in ihrem Leben werden zu lassen.[2]

95

Abschied von Rune

Aus der Fülle guter Kinderliteratur[3] zu Sterben, Tod und Trauer ragt m.E. die durch Aquarellbilder begleitete Geschichte »Abschied von Rune«[4] heraus,

– weil sie in einer klaren und einfühlsamen Sprache erzählt ist,
– weil sie das traurige Geschehen nicht verharmlost und den Kindern Verstehenshilfen und Trost gibt, aber keine vorschnellen Antworten und Vertröstungen,
– weil sie nicht belehrend und didaktisch konstruiert, sondern glaubwürdig erzählt ist,
– weil die Bilder die Atmosphäre der Geschichte verstärken.

Das Buch »Abschied von Rune« erzählt von der Freundschaft zwischen den etwa fünf- bis sechsjährigen Kindern Sara und Rune, vom tragischen Tod Runes, von der Beerdigung und vor allem vom schmerzhaften Trauerprozeß Saras, die nur gegen innere Widerstände die Endgültigkeit des Todes begreift. Dabei helfen ihr die Gespräche mit der Mutter, die ihr Trost und Hilfe für den Umgang mit dem Tod geben und unausgesprochen die Hoffnung auf eine andere Existenz Runes enthalten:

»›Sehe ich ihn wirklich nie, nie mehr wieder?‹ fragt Sara. ›Nein, nie wieder‹, antwortet Mama. ›Aber irgendwie ist er trotzdem nicht ganz fort, denn wenn wir an ihn denken, können wir ihn ja in uns drin sehen. Und dann können wir auch mit ihm sprechen. Mach mal die Augen zu und versuch es.‹

Ja, Sara kann Rune drinnen in ihrem Kopf sehen. Sie sieht, daß er lächelt, und er ist genauso wie früher. ›Ein Glück, daß ich das weiß!‹ sagt Sara zu ihrer Mama.«

Eindrucksvoll ist der liebevolle Umgang zwischen Mutter und Kind, der auch die Schlußsequenz des Buches prägt: »Mama hält Sara im Arm und läßt sie weinen. Hinterher nehmen sie sich an den Händen und schlendern über den Friedhof. ... Sara pflückt einen Frühlingsstrauß. ... Es ist ein kleines Geschenk. Von Sara für Rune. Bevor sie gehen, streichelt Sara den Stein ein bißchen. Dann klettert sie auf den Gepäckträger von Mamas Fahrrad. Und während sie nach Hause fahren, denkt Sara an Rune. Der Fahrtwind streicht ihr übers Gesicht. Vorsichtig beugt sie sich vor und schmiegt sich an Mamas warmen Rücken.«[5]

Die Geschichte enthält nicht explizit die christliche Botschaft der Auferstehung, aber sie eröffnet angesichts der Erfahrung des Todes Fragen, die Basis des christlichen Glaubens an eine neue und doch mit der diesseitigen Identität verbundene Existenz jenseits des Todes sind.[6]

Kinder im 3. Schuljahr waren von der Geschichte und den Bildern (gleichzeitig als Dias gezeigt) tief bewegt. Sie stellten Rückfragen und lobten das Verhalten der Mutter. Von Vorteil war, daß sie Sara für deutlich jünger hielten als sie selbst. Sie konnten sich ihr nach außen »überlegen« fühlen und dennoch an ihren Fragen und Erfahrungen teilhaben, sich verborgen mit ihr identifizieren. Sehr schnell erzählten sie eigene Erfahrungen mit dem Tod, so von einer Fehlgeburt der Mutter, einem vor der eigenen Geburt gestorbenen Geschwisterkind und von dem Tod eines geliebten Tieres. Immer wieder kamen wir zur Frage, was Sara (einem Menschen) hilft, mit dem Tod von Rune (einem geliebten Menschen) zu leben. So schrieben die Kinder zur nächsten Stunde liebevoll gestaltete Trostbriefe an Sara. Diese Briefe lebten von dem Eindruck, den die Geschichte auf die Kinder gemacht hatte. Sie enthielten keinen billigen Trost. Häufig nahmen die Kinder Bezug auf das Motiv des Weiterlebens in der Erinnerung[7]: wiederholend, erweitert, in explizit religiöse Vorstellungen eingeordnet.

Liebe Sarah, …
Rune ist nicht tot, wenn Du ganz fest an ihn denkst, ist er bei Dir. Rune wird weiterleben, auch wenn Du ihn nicht sehen kannst. Du mußt nur denken, ihm geht es gut. …
Sei nicht traurig, in Deinen Gedanken erlebst du Rune ja. …
Vielleicht findest du Rune in Deinem Inneren wieder. …
… sei nicht so traurig, weil Rune gestorben ist. Er ist ja nur mit seinem Körper weg, in Deinem Herzen ist er ja immer da. Ihm geht es sicher gut, denn er ist ja beim lieben Gott. …
Dein(e) …

Ich sagte den Kindern, daß manche Erwachsene meinen, so traurige Geschichten seien nichts für Kinder, und fragte sie, ob ich sie lieber nicht hätte vorlesen sollen. Sie verneinten: Die Geschichte sei zwar sehr traurig, aber zugleich unheimlich schön, man dürfe sie auf keinen Fall Kindern vorenthalten.

Wenn ich einmal sterbe – wenn ich einmal tot bin

Zur Auseinandersetzung mit dem Tod gehört nicht nur das Umgehen mit dem Sterben anderer, sondern auch die Frage nach dem eigenen Tod, die Vorstellung vom eigenen Totsein. Der Anregung von Tobias Brocher[8] entsprechend, malten die Kinder ihr Bild zur Überschrift »Wenn ich einmal sterbe« bzw. »Wenn ich einmal tot bin«. Neben dem Nennen einiger möglicher Bildideen durch die Kinder und durch mich (Bezug auf die Kinderbilder bei Brocher: Licht, Kreislauf, Spirale) erfolgte vor dem Malen nur mein Hinweis, daß man auch »nur mit Farben« (abstrakt) malen könne.

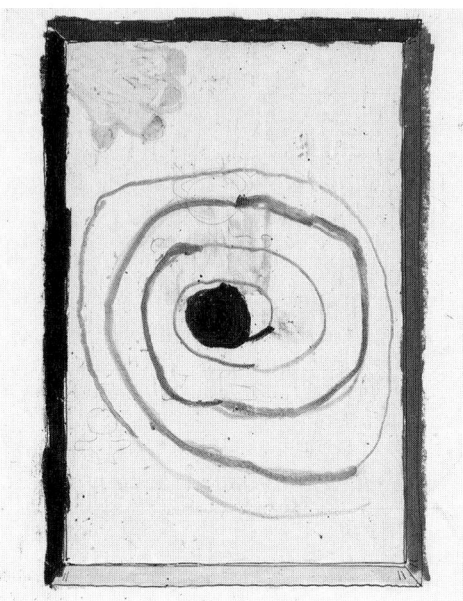

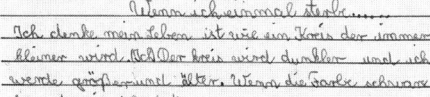

Wenn ich einmal sterbe...
Ich denke mein Leben ist wie ein Kreis der immer
kleiner wird. Und Der Kreis wird dunkler und ich
werde größer und älter. Wenn die Farbe schwarz
kommt bin ich tot.

Wenn ich einmal sterbe...

Ich habe das Leben in Farben und einem Kreislauf ausgedrückt.
Das bunte Kästchen oben soll die Geburt sein.
Der schwarze Kreis der Tot.
Und die anderen Farben das lange Leben.

Wenn ich einmal tot bin...
Die Seele von dem Menschen steigt in den Himmel Er
war immer gut zu den anderen.

Wenn ich einmal sterbe...
Das Leben ist wie ein Spiel der Start ist die Geburt
Und das Ziel der Tod. Das Led ist der Himmel

Traditionelle Motive wie Himmel, Seele, Gericht und Engel tauchten nur selten auf, häufig dagegen das Bild der Mutter (nie der Vater) am Grab (viermal mit Jenseits-, viermal ohne Jenseitsperspektive): »Wenn ich einmal tot bin … Ich bin gestorben. Nun liege ich in einem Grab. Meine Mutter kniet vor dem Grabstein und betet. Mein Vater wird heute abend kommen.«

Sechs Kinder malten abstrakt in kräftigen Farben mit z.T. bemerkenswerten Gedanken: »Wenn ich einmal tot bin … Farben, nur Farben. Das ist, wie wenn man die Augen zu hat und sie nicht mehr öffnen kann. Man kann sich nicht mehr bewegen.«

Die angesprochene Metapher des Kreislaufs und der Spirale haben einige Kinder aufgegriffen bzw. für sich bearbeitet (☞ Abb.). Ein Mädchen wußte zunächst gar nicht, was es malen sollte, begann dann vorsichtig mit einer Spirale, von unten bis zur Mitte des Bildes immer breiter werdend, nahm dann Farben hinzu: unten gelb (Geburt), dann immer dunkler bis hin zu schwarz (Tod). Dann überlegte sie, wie es weitergeht, und malte schließlich spiegelbildlich in Form und Farbe eine nach oben immer kleiner und heller werdende Spirale.

Insgesamt fällt auf, daß sich bei vielen Bildern eine realistisch-nüchterne Sichtweise der Endgültigkeit des Todes mit einer Hoffnungsperspektive verbindet, z.B. ausgedrückt durch ein helles Licht, das Motiv des Himmels oder die Hand Gottes (☞ Abb.).

Das lange Gespräch mit (freiwilligem) Vorstellen der Bilder und Rückfrage-möglichkeit berührte Aspekte wie »Leben nach dem Tod«, »Himmel und Hölle« und »Gericht«. Die Motivation und Ausdauer der Kinder zu solchen Gesprächs-runden ist ungewöhnlich hoch, wenn die Kinder die »Medien« der Aussprache selbst geschaffen haben.

Auf der Suche nach »Bildern« für Tod und Auferstehung

Den Kindern selbst fiel im Gespräch auf: Aufgefordert, ein Bild zu ihrer Vorstellung von ihrem Tod bzw. Sterben zu malen, hatten viele im »Bild« auch ihre Hoffnung auf ein Leben nach dem Tod mitgeteilt:

□ vom Dunklen ins Farbige und Helle kommen,
□ in der Mitte eines Kreises ankommen,
□ wie bei einem Spiel ins Ziel kommen,
□ in den Himmel kommen.

Unsere Frage nach dem *Tod* war zur Frage *nach* dem Tod geworden. Diese Suche nach Bildern für den Tod und das »Danach« oder – theologisch gesagt – für Tod und Auferstehung setzten wir fort.

Hintergrund dieses Ansatzes ist die Einschätzung metaphorischer Sprache als besondere Weise eigentlicher, Wirklichkeit treffender und erschließender Rede (☞ Kap. 2): Echte Metaphern sagen »etwas Neues aus, was anders nicht ebenso angemessen ausgesagt werden kann.«[9]

Diese Einsicht verdeutlicht bereits die Entstehungsgeschichte der neutestament-lichen Auferstehungsbotschaft. Die in sparsamen, auf das Wesentliche re-duzierten Bekenntnisformeln ausgedrückte Erfahrung der Auferweckung Jesu (1 Thess 1,10 u.a., schließlich mehrgliedrig 1 Kor 15,3-7) wurde später in den Ostererzählungen vom leeren Grab und von den Erscheinungen Jesu Christi erzählerisch entfaltet. So konnten Momente der Ostererfahrung zur Sprache gebracht werden, die formelhaft nicht hätten erfaßt werden können.[10]

Hans Kessler benennt die drei großen Metaphern oder Sprachmodelle »Aufer-stehung«, »Erhöhung« und »Leben« für das Geschehen an und mit dem gekreuzigten Jesus, die sich in ihrer Bedeutung gegenseitig ergänzen. Diese ursprünglichen (inspirierten) metaphorischen Deutungen der Ostererfahrung können wir nicht willkürlich ersetzen. Doch wir müssen sie für uns »übersetzen und umschreiben, ... ein unendlicher Prozeß, der immer wieder bei den ursprünglichen Metaphern ansetzen und zu ihnen zurückkehren muß«[11].

Verstehen wir in diesem Sinne Auferstehung als Metapher, so rückt die Suche nach Metaphern für Auferstehung in die Mitte der religionsunterrichtlichen Auseinandersetzung mit der Frage nach dem Tod. So sind die abschließend aufgeführten Geschichten, Bilder und Musikhinweise Angebote, mit Kindern eine Sprache für das Unaussprechliche, Bilder für das Unabbildbare, Vorstel-lungen für das Unvorstellbare zu finden.

A) Eine Geschichte zu Tod und Auferstehung hören
Metapher »Geburt«

Wie neu geboren?
Ein Lehrer spricht mit seinen Schülerinnen und Schülern über den Tod. Sie überlegen, wie das Sterben wohl sein wird und was danach kommt. Da fragt einer der Schüler, ob es mit dem Tod nicht wie mit einer Geburt ist. Vor der Geburt ist das Kind völlig von seiner Mutter umgeben und erhält all sein Leben von ihr. Das Kind kann die Mutter aber nicht sehen. Die Geburt ist für das Kind wie ein Schock, aber erst danach kann es seine Mutter sehen. So sind auch wir im Leben auf der Erde ganz von Gott umgeben und bekommen alles Leben von ihm, sehen können wir ihn aber nicht. Erst nach dem Schock des Todes werden wir ihn direkt schauen.[12]

B) Ein Bild zu Tod und Auferstehung sehen
Metapher »Hände«

»Ruht im Frieden seiner Hände« – Grabrelief von Käthe Kollwitz, 1935/36[13]:
In einer Betrachtung des Bildes erkannten die Kinder langsam, das die Hände einem »anderen«, »Unbekannten« gehörten, der die Frau hält und trägt. Ein Junge vermutete sogar auf die Frage, wofür die Künstlerin dieses Kunstwerk gestaltet hat, es würde gut als Grabstein auf einen Friedhof passen. Die Kinder erfuhren, daß Käthe Kollwitz es für ihr eigenes Grab geschaffen hat.

C) Eine (gelenkte) Phantasiereise (mit Musik) zu Tod und Auferstehung erleben Metaphern »Raupe – Puppe – Schmetterling«

a) Soeben bist du als kleine Raupe aus dem Ei geschlüpft. Du windest dich hin und her, entdeckst auf der Erde ein saftiges grünes Blatt und frißt es auf.
b) Doch da ist nicht nur Grün, da sind auch Sand und Staub, die dir zu schaffen machen. Mühsam bewegst du dich weiter zum nächsten Blatt. Du frißt und frißt und spürst, wie du immer größer und dicker wirst. Die Haut spannt sich immer mehr, bis

sie reißt und eine neue Haut offenlegt. Du kriechst weiter zum nächsten Blatt und fragst dich, ob das bereits das ganze Leben sein soll: immer fressen, durch den Staub kriechen, sich häuten, größer und dicker werden.

c) Es ist etwas in dir, das mehr verlangt: du kannst es nicht fassen! Doch du weißt, du mußt dich auf den Weg machen. Vor dir siehst du einen großen Baum. Du kletterst an dem Stamm langsam hinauf. Der Weg über die Baumrinde ist mühsam. Du siehst einen großen Vogel, der vorbeifliegt, und hast Angst. Doch du bist jetzt fest entschlossen. Du erreichst den Ast und beginnst – du weißt selbst nicht, warum – dich einzuspinnen, dich immer weiter einzuwickeln, bis du ganz verpuppt bist.

d) Nun ist es ganz dunkel um dich herum. Du bist wie tot. Bewegungslos. Nur Stille umgibt dich. Nichts passiert.

e) Oder doch? Du merkst, wie überall am Körper etwas wächst: Du bekommst Fühler und vor allem Flügel. Sie wachsen wie von selbst, ohne dein Zutun. Ein Wunder? – Du regst dich, wirst unruhig, willst deine tote Hülle endlich verlassen, brichst sie auf, und auf dich strömt Licht ein. Du bewegst die Flügel und kannst fliegen. Du erhebst dich in die Luft: ganz leicht bist du geworden. Wie verwandelt. Du fliegst über die Felder, siehst eine Wiese mit bunten Blumen, so bunt wie deine Flügel. Du flatterst von einer Blume zur anderen und freust dich über alles.

Zur Unterstützung der Imagination zur erzählten Geschichte eignen sich Ausschnitte aus der Instrumentalmusik »The Snow Goose« von Camel (DERAM, Nr. 800 080-2, Angaben der Stücke s.u.):

a) fröhlich-optimistischer Einstieg und
b) langatmig-traurige Passage (Nr. 11 Preparation, 3:58 Min.),
c) marschähnlich-wegandeutende Musik (Nr. 12 Dunkirk, ohne Schlußteil, ca. 3:00),
d) dunkle-spannungsgeladene Passage, die übergeht in ruhige, harmonische Musik (Nr. 13 Epitaph, 2:07 und Nr. 14 Fritha alone, 1:40),
e) langsam sich steigernde, dann lebhafte Musik (Nr. 15 La princesse perdue, ca. 4:00).

D) Bilder zu Tod und Auferstehung malen (☞ Kap. 4) Metaphern »Dunkelheit/Licht/Sonne« (Manessier) / eigene Metaphern

E) Ein Gedicht zu Tod und Auferstehung weiterschreiben Metaphern »Weg/Tür/Baum/Musik« / eigene Metaphern

Jemand stirbt ...

> *Jemand stirbt,*
> *und das ist,*
> *wie wenn Schritte verstummen.*
> *Aber wenn es ein kurzer Aufenthalt*
> *vor einer neuen Reise wäre?*
>
> *Jemand stirbt,*
> *und das ist,*
> *wie wenn eine Tür zuschlägt.*
> *Aber wenn es ein Tor wäre,*
> *dahinter andere Landschaften sich auftun?*
>
> *Jemand stirbt,*
> *das ist,*
> *wie wenn ein Baum zur Erde stürzt.*
> *Aber wenn es ein Samen wäre,*
> *der in einer andern Erde keimt?*
>
> *Jemand stirbt,*
> *Das ist,*
> *wie wenn* _____
> *Aber wenn* _____
> _____
>
> *Jemand stirbt,*
> *Das ist,*
> *wie wenn* _____
> *Aber wenn* _____
> _____
>
> *Jemand stirbt,*
> *und das ist vielleicht,*
> *wie wenn in der Stille plötzlich eine Orgel einsetzt*
> *und die verstummte kleine Melodie eines Menschenlebens*
> *mit allen Registern neu spielt ...*
>
> *Benoit Marchon*[14]

Einige Strophen von Kindern (3. Schuljahr) – geschrieben nach zweimaligem
Vorlesen des Gedichtes und Erläutern der Metaphern und der freien Zeilen
für eigene Worte (ohne Beispielnennung) – zeigen ihre Einfühlung in metaphorische Sprache und ihre Fähigkeit zu metaphorischem Ausdruck.

»Jemand stirbt.
Das ist, wie wenn ein Haus zerfällt.
Aber wenn es ein stickiges Hochhaus ist
und dahinter die Freiheit und der Frieden ist?

Jemand stirbt.
Das ist, wie wenn ein Erdbeben kommt
und alles zerstört.
Aber wenn es ein neuer Anfang ist
zum Aufbauen?«

»Jemand stirbt.
Das ist, wie wenn man geht
und dann hinfällt.
Aber wenn jemand einem hilft,
wieder aufzustehen,
was ist dann?«

»Jemand stirbt.
Das ist, wie wenn
Der Himmel grau wird.
Aber wenn
Der Himmel blau wird?«

»Jemand stirbt.
Das ist, wie wenn ein Vulkan ausbricht.
Aber wenn aus der Erde ein
Rosenstrauch wächst,
der niemals verblüht?«

»Jemand stirbt.
Das ist, wie wenn ein Vogel
nicht fliegen kann.
Aber wenn ein Vogel
über den Himmel fliegt?«

»Jemand stirbt.
Das ist, wie wenn einem
der Himmel auf den Kopf fällt.
Aber wenn ich danach
in den Himmel steigen kann?«

»Jemand stirbt.
Das ist, wie wenn es Feuer gibt.
Aber wenn es Feuer im Herzen gibt?«

8 Geschichten vom Schuldigwerden und was danach passiert

Offene Unterrichtsprozesse zu einem schwierigen Thema

Was wäre, wenn es keine Schuld gäbe?

»Wenn es keine Schuld mehr gibt, wären alle Leute auf der Welt Engel.«
»Dann würden Kinder nie aufhören zu ärgern, sondern immer weitermachen, und sie würden nie nachdenken. Und das wäre sehr schlimm.«
»Wenn sich dann zwei Menschen streiten würden, würde keiner sich entschuldigen kommen, weil er sich schuldig fühlt, denn es gäbe ja keine Schuld. Außerdem braucht man die Schuld auch anderswo als nur bei Streit. Die Schuld ist, finde ich, sehr wichtig im Leben.«

Diese Frage und die Kinderantworten, die sowohl eine utopische Hoffnung auf eine Welt ohne Schuld als auch die realistische Einsicht in die Notwendigkeit von Schuldempfinden in der Welt widerspiegeln, gehörten zum gemeinsamen Resümee gegen Ende einer spannenden Unterrichtsreihe in einem 4. Schuljahr (☞ u.), die von uns sehr frei geplant war und sich zu einem offenen, von den Kindern mitgestalteten Unterrichtsprozeß entwickelte. So veränderte sich auch das Thema in der Auseinandersetzung mit den Kindern: Weniger das von uns erwogene (klassisch formulierte) »Schuldigwerden und Wiedergutmachen«, sondern »Geschichten vom Schuldigwerden und was danach passiert« wurden zu unserem Thema.

Mehr Fragen als Antworten

Fragen nach Schuld und Sünde sind im Religionsunterricht nicht einfach zu thematisieren. Traditionelle Konzepte der Bußerziehung bergen die Gefahr, die Erfahrungen der Kinder zu ignorieren oder sogar eine Religion der Angst zu erzeugen (☞ Kap. 2).[1] Der Trend der Gesellschaft zielt andererseits auf Verdrängung von Schuld und Leiden, die der Religionsunterricht nicht noch verstärken sollte. Der Mensch – früher ohnmächtig vor Gott – schreibt sich jetzt selbst alle Macht zu und überfordert sich dabei maßlos.[2]

- Welchen bescheidenen und doch wichtigen Beitrag zu einer verantworteten und zeitgemäßen ethischen Erziehung kann der Religionsunterricht in dieser Situation leisten?
- Wie können Schulderfahrungen nicht zerstörerisch, sondern persönlichkeitsfördernd thematisiert und bearbeitet werden?
- Welche Rolle spielen dabei traditionelle Inhalte des Religionsunterrichts wie z.B. biblische Überlieferungen zu Schuld und Sünde?

Solche Fragen stellten wir uns in der mühsamen Planungsphase, und es fiel uns leichter zu sagen, was wir nicht wollten: keine Sakramentenkatechese, kein Kleinmachen und Bloßstellen von Kindern, keine Berücksichtigung der klassischen Bibeltexte in der überkommenen katechetisch-belehrenden Form.

Leitsätze unseres Unterrichtsprozesses

Einen theologisch und pädagogisch vielversprechenden Weg wies uns Jürgen Werbick mit folgenden »Leitsätzen« (gekürzt), die zur Basis unserer Umsetzungen im Religionsunterricht wurden, obwohl sie enger gefaßt im Blick auf eine »verantwortliche christliche Bußerziehung« formuliert sind.

> »Christliche Bußerziehung hat sich an den Verheißungen der Umkehr, nicht an irgendwelchen göttlichen Strafandrohungen zu orientieren.
> Reife Schulderfahrung ist die Voraussetzung einer verheißungsvollen Umkehr. Christliche Bußerziehung kann und muß zur Reifung der Schulderfahrung beitragen.
> Reife Schulderfahrung ist identisch mit personaler Schulderfahrung. Sie entzündet sich ... an dem Eingeständnis, dem Mitmenschen nicht gerecht geworden zu sein ...
> Reife Schulderfahrung beruht deshalb auf der Fähigkeit zu absichtsloser Einfühlung ...
> Umkehr meint in diesem Zusammenhang weniger die Rückkehr zum Gesetzesgehorsam als die Hinkehr zu mir selbst und die Hinkehr zum anderen; in beidem vollzieht sich die Hinkehr zu meiner göttlichen Berufung.
> Hinkehr zu mir selbst: Ich muß dafür sensibel werden, was in mir selbst vorgeht, welche Motive mich bestimmen ...
> Hinkehr zum anderen: Ich muß dafür sensibel werden, was von mir ausgeht und den anderen, mit denen ich zusammenlebe, zur Last und zum Ärgernis wird ...
> Hinkehr zu mir selbst und Hinkehr zum anderen müssen gelernt werden. ...
> Verantwortliche christliche Moralpädagogik züchtet keine Schuldgefühle; sie macht schuldfähig.«[3]

Umkehr, Reifung der Schulderfahrung, absichtslose Einfühlung, Hinkehr zu mir selbst, Hinkehr zu der und dem anderen, Entwicklung von Schuldfähigkeit: Diese Stichworte umschreiben unsere Intentionen und bildeten den Hintergrund unseres konkreten Arbeitens mit den Kindern.

Über Geschichten befinden – Geschichten erfinden

Als zentraler methodischer Ansatz unserer Reihe kristallisierte sich schon in der Planung, mehr noch in der Durchführung der Umgang mit Geschichten heraus. Geschichten bieten Gesprächsanlässe, fördern ein vertieftes Nachdenken, fordern zur Stellungnahme heraus, ermöglichen eine geschützte Identifikation mit den Handelnden wie auch eine Distanzierung von ihnen.[4] Dies alles gilt in besonderem Maße für Dilemma-Geschichten, die in Entsprechung zu den Untersuchungen L. Kohlbergs zur Entwicklung des moralischen Urteils[5] eine wichtige Rolle spielten. Solche Geschichten konfrontieren Hörerinnen und Hörer mit einem moralischen Dilemma, fordern sie heraus, zwischen zwei unrechtmäßigen Alternativen abzuwägen und ein eigenes Verhalten in der Situation der Hauptperson zu begründen.

Die Auseinandersetzung mit Geschichten wird weitergeführt mit dem Erfinden eigener Geschichten, die eigene Erfahrungen, Begründungszusammenhänge und Konfliktlösungen zur Sprache bringen. Zu der Kunst, (mit Kindern) Geschichten zu erfinden, gab uns G. Rodari eindrucksvolle, Phantasie eröffnende Anregungen.[6]

Die Geschichte von Madi und Geert

Als direkten Einstieg wählten wir eine Filmgeschichte, die spannend ist, die Kinder emotional anspricht und ihnen vielschichtige Identifikationsmöglichkeiten eröffnet, da sie das gängige Klischee von Gut und Böse, von Täter und Opfer durchbricht.

Der Film »Madi«[7] erzählt die Geschichte der Beziehung zwischen zwei Jungen. Madi, ein farbiger, tänzerisch begabter Junge, verdient sich durch Waschen von Autofenstern an Ampeln Taschengeld für ein Radio. Als sich ein Autofahrer weigert zu zahlen, kommt es zur Konfrontation mit dessen Bruder Geert, die immer weiter eskaliert. Bei einer Verfolgungsjagd zieht sich Madi bei einem von Geert mitverursachten Sturz eine Querschnittslähmung zu.

Nach diesen atemberaubenden Anfangsszenen führt der Film einfühlsam die mühsamen Versuche einer Annäherung zwischen beiden vor Augen, mit allen Schwierigkeiten, Schuld zuzugeben, Wiedergutmachungen anzubieten (von Geert aus gesehen) und Wut zu unterdrücken, Hilfe anzunehmen (aus Madis Sicht). Die Erwachsenen treten fast ausnahmslos negativ als Vertreter der gesetzlichen Ordnung auf, die den Konflikt nur dadurch lösen wollen, daß sie den »Täter« finden. So vollzieht sich paradoxerweise die entscheidende Wende in der Beziehung zwischen den Jungen, als es Madi gelingt, Geert davor zu bewahren, von der Polizei wegen seines Vergehens gefaßt zu werden: Madi hat Geert vergeben, konnte ihm sogar helfen, und der erste Schritt zu einer nicht nur auf schlechtem Gewissen oder Mitleid beruhenden Freundschaft zwischen beiden ist getan. Obwohl die Behinderung Madis bleibt, endet der Film optimistisch. Wir sehen beide gemeinsam beim Autowaschen.

Spannend und gefühlsbetont wird der Film durch den völligen Verzicht auf gesprochene Sprache. Die Handlung steht im Mittelpunkt und wird durch die hervorragende, begleitende Instrumentalmusik emotional gesteigert, so daß die Betrachtenden alle Tiefen und Höhen der beiden Hauptpersonen miterleben.

Die Geschichte ist eine ungewöhnliche Mischung von knallharter Realität und fast utopischer Konfliktlösung zwischen Kindern, ein modernes Märchen. Sie zeigt nicht, was jeden Tag jedem von uns passiert, aber etwas, das wir alle kennen.

Sicherlich kann auch eine andere Geschichte als Einstieg gewählt werden, wir empfehlen diese aber aufgrund unserer guten Erfahrungen ohne Einschränkung.

Vom Film zu den Leitwörtern

Vor Betrachtung des Films gaben wir den Kindern lediglich kurze Vorinformationen (Hauptrollen Madi und Geert / keine gesprochene Sprache / Ausdruck nur durch Gesten und Musik / Länge des Films). Unmittelbar nach Filmsichtung baten wir sie, spontan aufzuschreiben, was ihnen am Film wichtig war, wenn es mehr mit Geert zu tun hat, auf einen blauen Zettel, und wenn es mehr mit Madi zu tun hat, auf einen roten.

Ein anderer erster Zugang – praktiziert in der Parallelklasse – ist das Nennen aussagekräftigerer Filmtitel als »Madi«. Die Auswahl der Titelvorschläge zeigt ein erstaunliches Einfühlen in den Film:

Das Ende und der Anfang	Wut und Freundschaft
Eine schwierige Freundschaft	Egal, was für eine Hautfarbe
Ein paar Sekunden ohne Kontrolle	Geerts Wut
Es tut mir leid, Madi	Es war nicht Absicht
Aus dem größtem Haß kann die beste Freundschaft werden	

Nach dem Vorlesen aller Zettel zu Geert versuchten wir, die genannten Aspekte zu verallgemeinern und auf Verben zu reduzieren. Nach mühevoller Arbeit erhielten wir am Ende dieser Doppelstunde folgende Tafelanschrift:

Geert

☐ sich anfreunden ☐ zurückgehen
☐ sich kümmern ☐ Mitleid haben
☐ sich entschuldigen ☐ helfen/unterstützen
☐ traurig sein ☐ Vertrauen zurückgewinnen
☐ wiedergutmachen ☐ sich vertragen/versöhnen
☐ schuldig werden ☐ Verantwortung übernehmen
☐ sich für den anderen einsetzen

Als wir zu Beginn der nächsten Stunde dieses Ergebnis lasen, stellten wir fest, daß die Wörter zu Geert uns den Film erzählen, aber nicht richtig, denn die Reihenfolge stimmte noch nicht! Das weitere Vorgehen war nun klar: Wir brachten die Wörter in eine sinnvolle Abfolge und taten dasselbe – diesmal in arbeitsgleicher Gruppenarbeit – mit den zu Madi gehörenden Verben (bereits auf Basis der Schülernotizen von mir vorbereitet). Der nächste Schritt war nun der Vergleich der Verben zu Madi und Geert (auf dem OHP), bei dem die Kinder viele Beziehungen – Entsprechungen und Kontraste – entdeckten, die wir durch Pfeile kennzeichneten:

☐ Als Madi verletzt wird, wird Geert schuldig.
☐ Während Geert Mitleid hat und traurig ist, ist Madi wütend und haßt Geert.
☐ Als Geert zurückgeht, um sich zu entschuldigen, lehnt Madi Hilfe und Freundschaft ab, usw. (☞ die Leitwortlisten, S. 110).

Von den Kindern kam schließlich der Wunsch, den Film ein zweites Mal zu sehen und dabei (!) die Handlung mit unseren Wörtern zu vergleichen (parallel mit OHP projiziert), die wir mittlerweile »Leitwörter« nannten, weil sie uns durch die Geschichte leiteten. So kamen wir nach erneuten Änderungen und Ergänzungen zu folgenden Leitwortlisten:

Geert	Madi
1. schuldig werden	1. verletzt werden
2. Mitleid haben	2. wütend sein
3. traurig sein	3. hassen
4. zurückgehen	4. Hilfe ablehnen
5. sich entschuldigen	5. Freundschaft ablehnen
6. wiedergutmachen	6. Wut verdrängen
7. sich kümmern	7. Hilfe annehmen
8. helfen	8. sich für jmd. einsetzen
9. sich für jmd. einsetzen	9. jmd. retten
10. Vertrauen zurückgewinnen	10. Vertrauen finden
11. Verantwortung übernehmen	11. Frieden wollen
12. sich vertragen	12. verzeihen
13. sich versöhnen	13. sich vertragen
14. sich anfreunden	14. sich aufrichten

Was wir vorher nie gedacht hätten: Die Kinder waren die ganze Zeit (bis hierhin fünf Stunden) mit großem Eifer dabei, argumentierten, entwarfen und verwarfen jeweils neue Wörter und Listen. Dabei war ihnen durchaus bewußt, daß es nicht eine richtige Lösung gab. Sie beschäftigten sich verlangsamt und somit intensiver mit Handlung und Personen und verstanden, daß die Geschichte aus Madis *und* aus Geerts Sicht wahrgenommen sein will.

Die Arbeit in der Parallelklasse verstärkte diese Erfahrung, da die Kinder aufgrund eines direkteren Arbeitsauftrags – Schreibe auf, was Geert fühlt, denkt oder tut (blau) und was Madi fühlt, denkt oder tut (rot)! Drücke dich nur in Verben aus! – zu differenzierteren, also auch komplizierteren Leitwortlisten mit je 24 Verben kamen und sich dabei im Argumentationseifer gegenseitig zu überbieten versuchten.

Die Leitwörter als »Körper-Denkmale«

»Stellt euch vor, jemand kennt den Film nicht. Erfährt er über unsere Wörter viel über die Geschichte von Madi und Geert?« Mit dieser Frage führten wir in der nächsten Stunde nach dem Lesen unserer neuen Listen die Auseinandersetzung weiter. Die Kinder waren sich einig, daß jemand zwar viel, aber wenig Einzelheiten über die Geschichte erfährt und sie entdeckten, daß diese Wörter auch zu einer ähnlichen Geschichte passen könnte. So gaben wir zusätzlich zur ersten Überschrift »Madi und Geert« unseren Leitwortlisten die zweite Überschrift »Geschichten vom Schuldigwerden und was danach passiert«, die unserer Reihe den Namen gab. Wir kündigten den Kindern an, daß sie im Verlauf unserer Arbeit weitere solche Geschichten kennenlernen und auch selbst welche erfinden würden, wobei uns unsere Wortlisten helfen könnten.

In dieser und den nächsten beiden Stunden wollten wir jedoch der bisher zwar jederzeit leidenschaftlich geführten, jedoch stark vom Kopf und Verbalisierungsvermögen her bestimmten Auseinandersetzung eine stärkere Emotionalität verleihen. Um unsere Leitwörter darstellend zu erleben und sie bildhaft vor Augen zu haben, bildeten jeweils zwei bis drei Schülerinnen und Schüler zu jedem Leitwort ein sogenanntes »Körper-Denkmal«, d.h. eine eingefrorene Bewegung, die das Leitwort in einer Szene darstellt (☞ Beispiele). Die Schüler hatten Zeit zur Beratung und zum Einüben ihres Denk-Mals auf dem Schulhof. Wer eine

6. **Wut verdrängen**

passende Darstellung gefunden hatte, kam zu uns und ließ sich in dieser Pose fotografieren. Die Denk-Mal-Bilder wurden dann jeweils mit dem zugehörigen Leitwort als Untertitel auf zwei große Kartons (zu Madi und zu Geert) geklebt und waren als Schaubilder jetzt immer in der Klasse präsent. (☞ auch Abbildung Seite 112)

Die übrigen Kinder bereiteten in dieser Stunde die Materialien vor (Schneiden/Kleben/Basteln), die während der nächsten Stunden im Mittelpunkt standen. Die folgende Dokumentation dieser Materialien für Phasen freier Arbeit (☞ Kap. 6) will weniger »Fertigware« anbieten, sondern anregen, auf der Basis des hier Entwickelten eigene Möglichkeiten zu entdecken, das Material zu verändern und zu erweitern.

10. Vertrauen zurückgewinnen

Die Freiarbeitsmaterialien

Wir haben am Beispiel des Films von Madi und Geert erarbeitet und erfahren, wie eine Geschichte vom »Schuldigwerden und was danach passiert« verlaufen kann.
Wir wollen ein Buch mit vielen Geschichten, Gedanken und Meinungen von euch schreiben. Dabei können unsere Leitwörter helfen. Lege die Listen beim Schreiben so auf den Tisch, daß du sie sehen kannst!

Dieses lasen die Kinder auf der »Einleitungskarte« (Nr. 1) der Freiarbeitsmaterialien. Das Material besteht aus 9 solcher Karten in DIN-A-5-Größe, auf denen die Arbeitsaufträge formuliert sind, und aus zu einzelnen Karten gehörenden Wort-Kärtchen (☞ Nr. 2 und 5), Drehscheiben und Würfeln mit Wörtern (☞ Nr. 3 und 4) und Bildern (☞ Nr. 6). Während die Arbeitsaufträge Nr. 2 bis 6 zum Schreiben eigener Geschichten motivieren, provozieren Nr. 7 bis 9 Stellungnahmen zu Konflikt-Geschichten.

Nr. 2: Geschichten-Reizwort-Kärtchen
Reizwörter sind Wörter, zu denen einem viele Gedanken, Ideen und Erlebnisse einfallen können. Im Materialkasten findest du kleine Kärtchen mit Reizwörtern: viele Nomen, viele Verben und viele Adjektive. Ziehe dir, ohne hinzusehen, eine Nomenkarte, eine Verbkarte und eine Adjektivkarte heraus! Was fällt dir zu diesen Wörtern ein? Erfinde eine Geschichte, in der diese Wörter vorkommen und in der es ums »Schuldigwerden und was danach passiert« geht! Du kannst auch etwas erzählen, was du selbst erlebt hast.

Die **V**erben zu Karte Nr. **2** (auf jedem Kärtchen steht **2** rechts oben und **V** rechts unten)

weinen	geben	schlagen	lachen	streiten
demütigen	teilen	verstecken	scheitern	lügen
beseitigen	prahlen	übelnehmen	bedrohen	nehmen
loslassen	warten	zögern	lieben	verletzen
hassen	festhalten	zurückweichen	müssen	zerstören

Die **N**omen zu Karte Nr. **2** (wieder jede Karte gekennzeichnet)

Gewissen	Schulden	Enttäuschung	Entschuldigung	Vertrauen
Zwang	Junge	Angriff	Mädchen	Hoffnung
Geschenk	Opfer	Kampf	Kummer	Spiel
Freude	Rivale	Furcht	Traum	Zuneigung
Langeweile	Schande	Kind	Mutter	Schuld
Vater	Angst	Schmerz	Gefahr	Zorn

Die **A**djektive (bzw. Partizipien) zu Karte Nr. **2** (wieder jede Karte gekennzeichnet)

krank	traurig	wertvoll	ungeduldig	schön
einsam	wütend	mutig	beleidigt	gierig
stolz	egoistisch	froh	gesund	glücklich
wiedergefunden	empört	verloren	eifersüchtig	häßlich
allein	falsch	abhängig	fremd	dumm

Nr. 3: Geschichten-Reizwort-Rad

Reizwörter sind Wörter, zu denen einem viele Gedanken, Ideen und Erlebnisse einfallen können. Im Materialkasten findest du ein Reizwort-Rad mit zwei Drehscheiben mit Nomen und Verben. Drehe, ohne hinzusehen, an den beiden Scheiben und lies! Was fällt dir zu diesen Wörtern ein?
Erfinde eine Geschichte, in der diese Wörter vorkommen und in der es ums »Schuldigwerden und was danach passiert« geht! Du kannst auch etwas erzählen, was du selbst erlebt hast.

Nr. 4: Geschichten-Reizwort-Würfel

Reizwörter sind Wörter, zu denen einem viele Gedanken, Ideen und Erlebnisse einfallen können. Im Materialkasten findest du drei Würfel mit Nomen, Verben und Adjektiven. Wirf die Würfel und lies! Was fällt dir zu diesen Wörtern ein?
Erfinde eine Geschichte, in der diese Wörter vorkommen und in der es ums »Schuldigwerden und was danach passiert« geht! Du kannst auch etwas erzählen, was du selbst erlebt hast.

Die zwei Drehscheiben lassen sich wie die drei Würfel sehr einfach – ggf. von den Kindern selbst – herstellen:

☐ Vergrößern der Vorlagen (ca. Din-A-4) auf Karton,
☐ Eintragen von Wörtern z.B. aus der obigen Sammlung,
☐ Ausschneiden entlang der Linien,
☐ Verbinden der Abdeckscheibe und Wortscheibe in der Mitte mit einer Klammer.

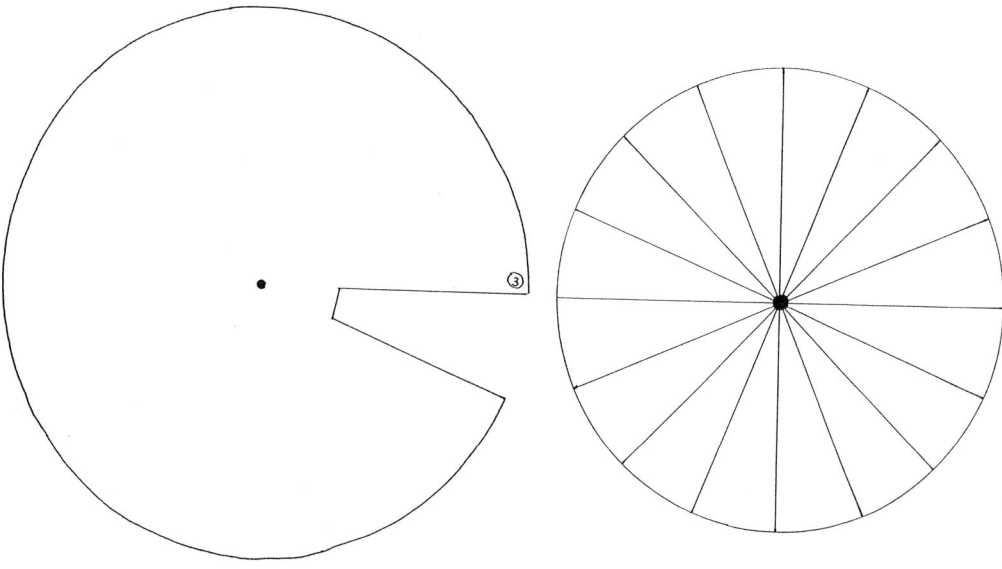

Nr. 5: Märchen-Leitwort-Karten
Du kennst viele Märchen. Erfinde selbst ein eigenes Märchen! Die Märchen-Leitwort-Karten Nr. 1 bis Nr. 20 helfen dir dabei. Lege sie dir in der richtigen Reihenfolge untereinander auf den Tisch und triff eine Auswahl, zu welchen dieser Karten du in deinem Märchen etwas erzählen willst. Die aussortierten Karten lege beiseite. Nun schreibe dein Märchen von Karte zu Karte. Du kannst auch nur eine kleine Anzahl von Karten aussuchen oder mit geschlossenen Augen herausziehen und dazu ein Märchen erzählen.

Die Märchen-Leitwörter (auf jeder Karte eine 5 vermerkt)

1	Verbot	2	Sieg
3	Verstoß	4	Rückkehr
5	Beschädigung oder Versäumnis	6	Ankunft zu Hause
7	Aufbruch des Helden	8	Der falsche Held
9	Auftrag	10	Schwierige Prüfungen
11	Begegnung mit dem Spender	12	Wiedergutgemachter Schaden
13	Zaubergeschenke	14	Anerkennung des Helden
15	Der Gegenspieler erscheint	16	Entlarvung des falschen Helden
17	Teuflische Fähigkeiten des Gegners	18	Bestrafung des Gegenspielers
19	Zweikampf	20	Hochzeit

Nr. 6: Geschichten zu Bildern
Zu einem Bild können einem viele Gedanken, Ideen und Erfahrungen einfallen. Im Materialkasten findest du Bilder, die verschiedene Situationen oder Gegenstände darstellen. Suche dir ein Bild aus und schreibe dazu eine Geschichte, die du entweder selbst erlebt oder erfunden hast.

Wir arbeiteten mit einer Auswahl der »OH-Bildkartei« (☞ Kap. 2, Anm. 21).
Die Konfliktgeschichten der Karten Nr. 7 und 8 waren Bestandteil eines Projektes zur Erforschung moralischer Alltagstheorien von Kindern.[8]

Nr. 7: Ungleiche Last – ungleiche Belohnung?

Petra und Sabine kommen gerade aus der Schule und sind auf dem Nachhauseweg. Da werden sie von einer alten Frau angesprochen, die auch in Petras Haus wohnt. Sie bittet die Mädchen, ihre Einkaufstaschen nach Hause zu tragen. Petra, die Größere und Kräftigere von beiden, nimmt die schwere Tasche. Sabine, die etwas jünger ist, trägt eine Plastiktüte. Als sie dann bei der Frau zu Hause sind, gibt diese Petra eine Tüte Bonbons und sagt: »Die ist für euch beide.« Draußen vor der Haustür will Sabine ihren Anteil haben. »O.K.«, sagt Petra, »hier hast du drei Bonbons.« Da sagt Sabine: »Das find ich aber blöd.«
1. Möglichkeit: Führe das Gespräch fort!
2. Möglichkeit: Handelt Petra gerecht? Wie würdest du dich an Stelle von Sabine verhalten? Schreibe Deine Meinung!

Nr. 8: Zu spät zum Helfen?

Martin soll unbedingt pünktlich um fünf Uhr zu Hause sein, weil die Mutter mit ihm zum Zahnarzt will. Als er am Bäckerladen an der Ecke vorbeigeht, sieht er gerade, wie ein kleineres Kind mit dem Fahrrad hinfällt und um Hilfe ruft. Martin antwortet: »Ich hab jetzt leider keine Zeit, ich komme sonst zu spät nach Hause.«
1. Möglichkeit: Handelt Martin richtig? Was hättest du getan? Schreibe deine Meinung auf!
2. Möglichkeit: Schreibe die Geschichte in zwei Fassungen weiter:
a) Martin hilft nicht. Ein Freund beobachtet, wie er geht, hilft selbst und stellt Martin am nächsten Tag zur Rede…
b) Martin hilft doch noch, kommt aber zu spät nach Hause und bekommt dort Ärger…

Auf der letzten Karte wird die zentrale Dilemma-Geschichte der Kohlberg-Forschungen zur Entwicklung des moralischen Urteils erzählt.[9]

Nr. 9: Die Geschichte von Heinz

Eine Frau drohte an einer besonderen Form der Krebserkrankung zu sterben. Es gab nur ein Medikament, von dem die Ärzte noch Hilfe erwarteten. Es war eine Radium-Verbindung, für die der Apotheker zehnmal mehr verlangte, als ihn die Herstellung kostete. Heinz, der Ehemann der kranken Frau, versuchte, sich bei allen Bekannten Geld zu leihen, aber er bekam nur die Hälfte der Kosten zusammen. Er sagte dem Apotheker, daß seine Frau zu sterben drohe und bat den Apotheker, das Medikamt billiger zu verkaufen oder Kredit zu gewähren. Der Apotheker sagte: »Nein. Ich habe das Medikament entwickelt, und ich will damit Geld verdienen.« In seiner Verzweiflung drang Heinz in die Apotheke ein und stahl das Medikament.

War es richtig, was Heinz getan hat?
Begründe deine Meinung!

Einige Kindergeschichten

Die Kinder bearbeiteten einige der Aufgaben innerhalb von vier Unterrichtsstunden und im Rahmen der Wochenplanarbeit. Auf einer Liste kreuzten sie an, zu welchen Karten sie bereits gearbeitet hatten. Schon in dieser Zeit wurden erste Geschichten und Stellungnahmen am Anfang einer Stunde vorgelesen, kommentiert und diskutiert.

Während die Konfliktgeschichten viel Stoff für ausgiebige »Streitgespräche« zur Verfügung stellten – das Heinz-Dilemma übrigens mehr als die Kinderalltagskonflikte[10] –, beeindrucken die Texte der Kinder schon durch ihre Verschiedenheit: lang oder kurz, sprachlich einfach oder komplex, erzählend, berichtend oder dichtend, selbst Erlebtes und Erfundenes, Realistisches und Phantastisches kommt zur Sprache, wie folgende Beispiele zeigen.

Teilen
Bevor die Menschen anfingen zu *teilen*, waren sie wie Barbaren. Sie wollten alles nur für sich selbst behalten und nicht teilen. Da kam auf einmal ein ganz armer Mann, der hatte nur ein Stück Brot und ein paar Stücke Käse. Da sah der arme Mann noch andere Arme, die nichts zu essen hatten, und er sagte sich: »Selbst wenn ich wenig habe, die anderen haben aber gar nichts, ich will mit ihnen teilen.« Da teilte der Arme mit den anderen Armen, und sie waren alle satt.

Junge, Karte 2, Reizwort »Teilen«

Die Lüge
Peter und Karl sind im Freibad. Sie haben viel Spaß. Peter will sich einen Spaß erlauben und steigt bei Karl auf die Schultern. Karl geht unter und kriegt keine Luft mehr. Als Peter merkt, daß Karl hysterisch wird, steigt er ab. Karl taucht auf und schnappt nach Luft: »Ich hatte richtige *Angst*, ich würde da unten ersaufen!« Peter log: »Das war ich nicht, das war der da« und zeigte zu einem dicken Jungen namens Franz. Am Abend lag Peter in seinem Bett und konnte vor *Traurigkeit* nicht einschlafen. Ihm kreiste nur ein Gedanke im Kopf, der hieß: »Warum habe ich nur *gelogen*?«

Mädchen, Karte 4, Reizwörter »Angst, traurig, lügen«

Ein schöner Sommertag. Alles war wie immer. *Vater* ging zur Arbeit, Mutter auch und die Kinder zur Schule. Als dann nach 6 Stunden alle nach Hause kamen, war Vater der einzige, der sich still verhielt. Mutter fragte: »Was hast du heute?« »Ach, nichts,« sagte er. Allen fiel auf, daß er heute ruhig war wie noch nie. Am Abend sagte er zur Mutter: »Ich muß dir was gestehen, ich habe meinen Job *verloren* und trinke.« Mutter stieß einen großen Schrei aus. Am Abend redeten sie kein Wort miteinander. Vater wußte im Augenblick nicht, was er tun sollte. Am Morgen wollte Vater zur Arbeit gehen, Mutter fragte: »Wohin willst du denn? Du hast doch keine Arbeit!« Die Kinder ließen vor Schreck die Brote fallen. Der kleine Hans fragte: »Sind wir jetzt bankrott?.« Vater fing an zu *weinen*. Die Familie holte ihn wieder rein. Sie schauten in der Zeitung nach, ob irgendeine Stelle frei war. Sie fanden eine. Und es war alles wie vorher. Und Vater hörte auf zu trinken.

Mädchen, Karte 4, Reizwörter »Vater, verloren, weinen«

Es kam von weitem her ein *fremder Freund* in unsere kleine Stadt.
Er hatte kein Gold und kein Geld und wurde wie wir nicht satt.
Er *versteckte* sich in der Nacht in einem großen dunklen Loch
und träumte in der Zeit, während er sich verkroch.
Er träumte vom Brot
und träumte vom Wasser,
doch dann sah er die Not.
Er starb vor Angst vor der Not,
und morgens jammerten die Leute um seinen Tod.

Mädchen, Karte 4, Reizwörter »fremd, Freund und verstecken«

Es war einmal ein Vater, der hatte einen großen Garten, in dem in einer verlassenen Ecke ein Brunnen war. Dieser Vater hatte auch einen Sohn. Er hatte ihm verboten, an dem Brunnen zu spielen, denn er dachte, wer weiß, was der Bengel dort anstellt. Aber wie das meistens ist, will man immer dahin, wo es einem verboten ist. Genauso ging es dem Sohn. Eines Tages ging der Junge doch an den Brunnen, obwohl es ihm verboten war, weil er seine Neugierde nicht mehr zurückhalten konnte. Er schaute lange in den Brunnen, und plötzlich machte es plumps, und er war in den Brunnen gefallen, aber glücklicherweise konnte er ein Stück wieder an den Stufen im Brunnen hochklettern. Aber zwei Stufen brachen ab, und er konnte nicht weiter. Plötzlich kam sein Vater mit einem langen Seil und zog ihn herauf. Dann war er sehr böse, und da der Junge auch noch zu ihm grantig und unartig war, sagte er: »Jetzt reicht es, und außerdem bist du groß genug, um alleine zurechtzukommen. Geh also und komm so bald nicht wieder!«
Der Junge ging also, was blieb ihm anderes übrig? Lange wanderte der Junge, bis er zu einem Müller kam, der ihm Arbeit gab. Nach einigen Jahren erinnerte sich der Junge wieder einmal an seinen Vater und fand, daß er jetzt nach so langer Zeit zurückgehen und nach seinem Vater schauen könnte. Außerdem hatte er auch eine Freundin gefunden und dachte, daß man hier draußen in der Welt ohne seine Verwandten auf Dauer nicht glücklich sein könnte. Also packte er seine Sachen, und da seine Freundin auch mit wollte, nahm er sie mit zu seinem Vater. Als sie zu Hause ankamen, freute sich der Vater so sehr, daß er ihn bat, nie wieder wegzugehen. Er sei so allein gewesen. Der Sohn sagte: »Das kann ich dir nicht versprechen, vielleicht möchte ich später noch einmal weg, aber jetzt bleibe ich erst einmal hier.«

Mädchen, Karte 5, Märchen-Reizworte

Konkrete Erfahrungen des Alltags wie auch des bisherigen Religionsunterrichts fanden Eingang in die Texte. Während ein Junge seine Geschichte in Anlehnung an einen Schulhofunfall eines Klassenkameraden erzählte, erinnerte sich ein anderer bewußt oder unbewußt an die Psalmen (Unterricht vor gut einem halben Jahr!), als er in sein Märchen den Satz »Er fühlte sich wie ein zerbrochenes Gefäß« aufnahm (☞ Kap. 6).
Es war unsere Neugier, wie die Kinder diesen aus Erwachsenen-Sicht ja wenig explizit religiösen Unterricht zu Erfahrungen von Schuld erlebt hatten und einschätzten, die uns zu folgender Nachfrage veranlaßte.

Rückfragen

1. Was wäre, wenn es keine Schuld gäbe?
2. Kommt Gott in den Geschichten vor, auch wenn er nicht genannt wird?
3. Was haben unsere Geschichten mit Religionsunterricht zu tun?
4. Was würde sich an den Geschichten ändern, wenn es Gott nicht gäbe?

Die Kinder beantworteten schriftlich nach eigener Wahl eine dieser Fragen. Einige der Antworten zur ersten Frage wurden bereits eingangs zitiert, mit einer Antwort zur letzten Frage schließt dieses Kapitel. Auf die Äußerungen zum Verhältnis von Gott und Religionsunterricht zu den Geschichten waren wir besonders gespannt.

Zu Frage 2:
Gott ist immer bei uns, man kann ihn zwar nicht sehen, aber er ist im Herz. Jede Geschichte hat einen großen Teil Gefühl. Für mich ist Gott immer ein Gefühl, selbst wenn er nicht genannt wird. Gott ist einer, der Leben in alles hineinbringt: in Geschichten, Menschen, Tiere, in die Natur. Was wäre nur, wenn Gott nicht da wäre?
Ja. Gott kommt dann vor, wenn z.B. die Mutter den Streit beenden will, eines der Kinder wieder Frieden will. Überall, wo Feinde zu Freunden werden.
Gott kommt im Vergeben, im Helfen und im Teilen vor. Auch wenn man denkt. Er kommt manchmal in Geschichten und Filmen, meistens im eigenen Leben, vor.
So gut wie kaum, und viele Geschichten haben doch mit Gott zu tun.

Zu Frage 3:
Sie haben was mit Gott zu tun, mit Teilen, Geben, Helfen, Versöhnen, dieses hat Jesus auch getan. Er wollte Frieden und wir in diesen Geschichten auch. Er hat geholfen und wir in den Geschichten auch.
Es hat damit zu tun, weil z.B. in der Bibel Geschichten vom Schuldigwerden beschrieben wurden.
Im Religionsunterricht spricht und liest man über Gott. Wenn wir im Religionsunterricht jetzt aber Geschichten schreiben, denken viele, daß man eine ganz normale Geschichte schreibt. Aber wenn wir uns die Geschichte ausdenken, denken wir auch ein wenig an Gott. Wir schreiben die Geschichte nicht wie einen Aufsatz: einfach anders.

Bibel und Schuld – von den Kindern entdeckt

Unser Zögern, am Ende dieser Reihe künstlich biblische Texte einzubringen, beendeten die Kinder selbst. Als ein Mädchen uns ihr kunst- und humorvolles Märchen von Vater und Sohn vorlas (☞ o.), erkannten die Kinder die Nähe dieser Geschichte zum Gleichnis vom barmherzigen Vater. Wir lasen dieses Gleichnis, verglichen es mit der Geschichte und nahmen nochmals Bezug auf die Aussage eines Kindes zur 3. Frage, die die Geschichten mit biblischen

Schuldgeschichten zusammenbrachte (☞ o.). Schließlich suchten die Kinder als Hausaufgabe für die letzte Stunde der Reihe in unserer Bibel[11] nach weiteren Geschichten vom »Schuldigwerden und was danach passiert«. Einige der gefundenen Geschichten (aus dem AT 10 – aus dem NT 13) wurden abschließend gelesen und bedacht.

Reicht diese sparsame Thematisierung explizit religiöser Geschichten zur Problematik von Schuld und Sünde? Nach unserer Einschätzung hätte an dieser Stelle ein »Mehr« an Bibel keinen Gewinn gebracht. Zum einen zählt für uns, daß die Kinder den Zusammenhang mit den biblischen Überlieferungen selbst entdeckt haben. Zum anderen haben uns die Kinder in ihren Geschichten und dann sogar in den Antworten auf unsere Rückfragen gezeigt, daß für sie implizit und explizit Religiöses ineinanderfällt: »Wenn wir uns die Geschichte ausdenken, denken wir auch ein wenig an Gott. Wir schreiben die Geschichte nicht wie einen Aufsatz: einfach anders.« Wie Gott Geschichte(n) verändert, davon weiß ein anderes Kind unnachahmlich zu erzählen (zu Frage 4, ☞ o.).

»Wenn es Gott in den Geschichten nicht gäbe, würden schöne Geschichten plötzlich häßlich und wären nicht anzuhören. Geschichten mit Liebe, Fröhlichkeit werden zu Hassen und Traurig-Sein. Reiche werden zu Armen, wenn man von ihnen erzählt. Man könnte denken, schön, Fröhlichkeit, Liebe, reich werden das Gegenteil bedeuten. Gott läßt unsere Geschichten aufblühen, unsere Gedanken werden klar. Und wenn es Gott nicht gibt, dann würden unsere Geschichten für uns nichts bedeuten.«

9 Dem Traum Jesu auf die Spur kommen – Reich Gottes für Kinder

Eine Unterrichtsreihe mit allen Sinnen

In Gottes Reich tanzen die Leute und vertragen sich.
Die Armen sehen die Sterne anders als wir.
Die Träume der Träumenden gehen unter wie in einem Strudel. Dann werden Diebe aussterben.
Alle Menschen werden nicht mehr schreien.
Ich finde es traurig, wenn ein Mensch stirbt und wenn mein Vater stirbt oder meine Mutter stirbt. Dann ist auch Gott traurig.
Gott wird allen Menschen helfen, die in Not sind.
Ich war blind, und Gott hat mich sehen lassen.
Gott heilt die Kranken.
Gott, du bist für mich in allem drin.
Wenn wir zusammenhalten, gibt es Frieden.
Wenn der Frühling beginnt, werden die Menschen an Gott denken.
Wenn die Sonne scheint und das Gras blüht, dann ist Gott da.
Dann werden vom Aussterben bedrohte Tiere nicht mehr getötet.

Diese Sätze, von den Kindern zu von ihnen ausgewählten Bildern geschrieben (☞ u.), standen am Ende einer Unterrichtsreihe, die uns unter der Überschrift »Gottes Reich – Dem Traum Jesu auf die Spur kommen« viele Wochen beschäftigte. Es waren Kinder eines 2. Schuljahres (!), die eindrucksvoll ihre Hoffnungen zur Sprache brachten. Erneut war es die direkte Konfrontation mit kurzen, elementaren Sätzen der Bibel, die zu verblüffenden Ergebnissen führte. Wie bei der Arbeit zu den Psalmen (☞ Kap. 6) ging die Inspiration zurück auf Ingo Baldermann.

Reich Gottes – Hoffnung für Kinder

Als konsequente Weiterführung des an den Psalmen gewonnenen didaktischen Ansatzes für das Neue Testament entwarf Ingo Baldermann seine »Entdeckungen mit Kindern in den Evangelien« als eine Gesamtgeschichte Jesu, eine Christologie für Kinder.[1] Wir konzentrierten uns in unserer Reihe auf Baldermanns Ausgangspunkt, die visionären Worte vom Reich Gottes, wie sie bereits bei Jesaja (☞ u.) und dann bei Jesus z.B. in den Seligpreisungen als starke Bilder zu finden sind. Ist es möglich, mit Kindern auf direktem Weg mit diesen biblischen Texten in ein intensives Gespräch zu kommen? Baldermann nennt die Bedingung und umschreibt, was bei einer unmittelbaren Begegnung mit diesen Texten geschieht:

»Es müssen Texte sein, die etwas ansprechen, was in den Wahrnehmungen und Empfindungen der Kinder selbst enthalten ist. ... Die Worte rufen bei den Kindern, wenn man ihnen Zeit läßt, Erlebnisse und Erfahrungen, Empfindungen und Bilder wach; diese müssen versprachlicht werden. Das verlangt viel Phantasie und Kreativität, doch auf diese Weise treten ihre eigenen Erfahrungen und Fragen in eine Beziehung zum biblischen Text. Sie verbinden sich mit ihm, beleuchten und rahmen ihn, und dabei können durchaus Kontraste und Widersprüche im Spiel sein. Aber auf diese Weise stiftet das Gespräch Assoziationen, die sich mit den biblischen Worten verbinden, sie mit Leben füllen und auch später abrufbar sind. Umgekehrt geraten so auch die Bilder, die die Kinder von sich aus mit den Texten verbinden, in einen neuen Zusammenhang.«[2]

Unsere Grundidee war die immer neue Begegnung mit elementaren biblischen Sätzen vom Reich Gottes mit Hilfe aller Sinne. Das Hören, das Fühlen, das Riechen, das Schmecken und das Sehen sollten den Kindern helfen, diese Hoffnungsvisionen für sich zu erfahren, eigene Worte und Bilder der Hoffnung zu finden und einander mitzuteilen.

Die hier beschriebenen Versuche, dem Traum Jesu vom Reich Gottes »auf die Spur« zu kommen, sind einzuordnen in einen Religionsunterricht, der von Jesus erzählt und Jesu Erzählungen weitererzählt. Auf seine Botschaft vom »schon jetzt« angebrochenen, aber »noch nicht« vollendeten Reich Gottes bezogen, sind es besonders die Gleichnisse als Metaphern und die Wunder als sichtbar-machtvolle Zeichen des angebrochenes Reiches Gottes, die den hier entfalteten Unterricht ergänzen.

Der Hinweg über die Psalmen

Der Unterrichtsreihe unmittelbar voraus ging die Arbeit mit der Psalmwort-Kartei in einer reduzierten Fassung (5 Std.), die an dieser Stelle nur kurz skizziert werden kann (☞ Kap. 6):

☐ Vorlage von fünf Karten mit Psalmworten / Angebot der Identifikation:
  Ich bin wie ein zerbrochenes Gefäß.
  Ich höre, wie viele über mich lästern.
  Ich vertrockne wie Heu.
  Sie aber stehen da und schauen auf mich herab.
  Du bist Sonne und wärmst uns.

- Malen zu einer gewählten Karte / Gespräch zu den Bildern
- Vorlage von fünf Fotos des Kindes in verschiedenen Stimmungen / Angebot der Identifikation
- Verteilen jeweils einer Psalmwort-Karte an jedes Kind / subjektive Zuordnung zu einem Foto (mehrere Durchgänge / ca. 70 Karten)
- Unterrichtsgespräch: Woher kommen die Sätze?
- Malen zu einer gewählten Karte / Gespräch zu den Bildern

Dieser Einstieg ermöglichte den Kindern, inhaltlich einen Zugang zu der für sie fremden, jedoch erfahrungsnahen und bilderreichen Sprache der Bibel zu finden. Zugleich lernten sie methodisch das Prinzip eines auf Assoziation und Identifikation ausgerichteten Umgangs mit einzelnen, auf Karten präsentierten Bibelworten kennen.

Der Einstieg mit Jesaja (Einzelstunde)

Wolf	–	Lamm
Panther	–	Ziegenböcklein
Löwe	–	Kalb
Bärin	–	Kuh
Löwe	–	Rind
Otter	–	Säugling
Viper	–	Kind

Mit dieser Gegenüberstellung an der Tafel konfrontierten wir die Kinder und fragten sie im Anschluß an die Klärung unbekannter Wörter, was wohl in der Geschichte erzählt wird, der diese Wörter entnommen sind. Die in Partnerarbeit gewonnenen Vermutungen hielten wir in Stichworten wie »Unfriede – Angst – Fressen – Gefahr« an der Tafel fest. Darauf lasen wir den »überraschenden« Text aus dem Buch Jesaja (11,6-8, OHP):

> DANN *wohnt der Wolf bei dem Lamm,*
> *der Panther lagert beim Ziegenböcklein.*
> *Löwe und Kalb weiden gemeinsam,*
> *ein kleiner Junge kann sie hüten.*
> *Bärin und Kuh freunden sich an,*
> *ihre Jungen liegen zusammen.*
> *Der Löwe frißt Stroh wie ein Rind.*
> *Am Schlupfloch der Otter spielt der Säugling,*
> *in die Höhle der Viper greift das Kind mit der Hand.*

Die Kinder beschrieben das Unerwartete in der Weise des folgenden protokollierten Gesprächsauszuges.

Ein Junge meinte: »Jesaja hatte viel Phantasie, er hat was ganz Besonderes gesagt, das haben die Menschen weitererzählt, du sagst es uns jetzt und wir erzählen es später weiter: es wird nie sterben!«
A.M.: »Was meint ihr, wie hat er die Zeit genannt?«
Sch.: »Paradies«, »Zeit des Friedens«, »Zeit der Freundschaft«.
A.M.: »Die Zeit schafft der Mensch nicht allein…!«
Sch.: »Gottes Zeit, Gottes Frieden, Gottes Herz, Gottes Liebe.« R.O.: »Er nannte sie die Zeit des Reiches Gottes oder einfach Gottes Reich, eure Wörter sind aber eigentlich besser, weil damit weniger ein Ort gemeint ist, sondern ein neues Leben.«
Sch.: »In Gottes Reich ist alles verändert, umgedreht, anders als sonst.«

Die Kinder bekamen ein eigenes Blatt mit den Jesaja-Sätzen und versuchten, dieses »andere« des Reiches Gottes in eigene Worte zu fassen. Als Hilfe regten wir an, die Sätze immer mit DANN zu beginnen. Auf den Arbeitsblättern entstanden als Fortschreibung der Jesaja-Vision erstmals Reich-Gottes-Sätze der Kinder, die durch ihre einfache Sprache beeindrucken und durch die bekräftigende Wiederholung des DANN eine poetische Kraft bekommen.

Dann ist Frieden.
Dann sterben keine Tiere.
Dann ist Gott froh.
Dann bin ich froh.

Dann ist verändert die Erde.
Dann befreunden sich der Wolf und das Lamm.

Dann gibt es nur noch Frieden.
Dann hat jeder Brot.
Dann gibt es keinen Krieg mehr.

Dann gibt es nur noch Frieden.
Dann haben die Tiere nur noch Frieden.
Dann ist Frieden.
Dann haben wir nur noch Frieden.

Dann leidet keiner mehr.
Dann ist alles anders.
Dann wären alle friedlich.
Dann wäre die Welt schöner.

Dann ist Gott zufrieden.
Dann leidet keiner mehr.
Dann wäre Freundschaft über uns.

Dann vertragen sich Tier und Mensch.
Dann ist die Freude groß.
Dann freut sich die ganze Welt.

Dann wär die Welt in Frieden.
Dann hätte keiner Hunger.
Dann halten die Tiere zusammen.
Dann wären wir vereint.

Nur ein Kind brachte auf sympathische Weise
»Reste« heutiger Realität ins Spiel, indem es schrieb:

Dann ist der Wolf sauer.
Dann ist das Lamm fröhlich.

Reich-Gottes-Sätze der Bibel (zwei Stunden)

Nach dieser Einführungsphase konnten wir zu den von uns ausgewählten Reich-Gottes-Sätzen der Bibel kommen. In Anlehnung an I. Baldermann[3] stiegen wir mit drei Seligpreisungen (TA) ein:

Weinende werden lachen,
Hungernde werden satt,
Sanftmütige werden die Erde besitzen.

Entgegen unserer Erwartung stellten die Kinder erst in einem stark gelenkten Unterrichtsgespräch die Beziehung dieser Sätze zu den Jesaja-Sätzen her. Vielleicht lag das daran, daß Jesajas Traum konkreter ist und die Kinder sich gerade mit den Tieren stark identifizierten. Wir wissen es nicht!
Die Kinder im Unterricht von I. Baldermann nennen die, die nicht sanftmütig sind, »die Rauhen«.[4] Uns gefiel das gut, unseren Kindern, denen wir davon erzählten, weniger. Ihre Namen waren: die Hartmütigen, Rüpeligen, Gemeinen. Diese Kontrasterfahrungen zeigen, daß die überzeugendsten Unterrichtsanregungen bei den »eigenen« Kindern zu ganz anderen Reaktionen führen können. Das ist gut, und so wollen alle konkreten Anregungen dieses Buches verstanden sein!

Wir erklärten den Kindern daraufhin, daß wir viele solche Reich-Gottes-Sätze wie die Psalmworte auf Karten geschrieben hatten, mit denen wir in der nächsten Zeit arbeiten würden. Es handelt sich um:

A) die Werke Christi – Was Jesus tut: »*Anblick*« der Gegenwart eines bereits angebrochenen Reiches Gottes (6 Karten)

B) die Seligpreisungen – Was Jesus verheißt: »*Vorausblick*« auf die Verheißung des noch nicht vollendeten Reiches Gottes (9 Karten)

C) die Werke der Barmherzigkeit – Was wir selbst tun können: »*Rückblick*« aus der Zukunft in die Vergangenheit als Appell für die Gegenwart (6 Karten)

D) visionäre Ankündigungen einer neuen Zeit aus Jesaja und dem Buch der Offenbarung (19 Karten).

Mit dieser Gesamtauswahl sollte eine einseitige Harmonisierung der Gegenwart (Verabsolutierung von A), eine billige Vertröstung auf die Zukunft (Verabsolutierung von B und D) sowie eine Moralisierung jeglichen Handelns (Verabsolutierung von C) vermieden werden. Die 40 Karten wurden auf einem Tisch ausgebreitet, und bei ruhiger Musik lasen die Kinder die Hoffnungssätze...

A Was Jesus tut

Blinden gehen die Augen auf. (Lk 18,22; Mt 11,5)

Behinderte bewegen sich frei. (Lk 18,22; Mt 11,5)

Kranke werden gesund. (Lk 18,22; Mt 11,5)

Taube finden Gehör. (Lk 18,22; Mt 11,5)

Tote bekommen Leben. (Lk 18,22; Mt 11,5)

Armen kündigt sich Befreiung an. (Lk 18,22; Mt 11,5)

B Was Jesus verheißt

Die Armen können sich freuen, ihnen gehört das Reich Gottes. (Mt 5,3)

Die Weinenden können sich freuen, sie werden getröstet. (Mt 5,4)

Die Sanftmütigen können sich freuen, ihnen wird die Erde gehören. (Mt 5,5)

Die Hungernden können sich freuen, sie werden satt. (Mt 5,6)

Die Durstenden können sich freuen, ihr Durst wird gestillt. (Mt 5,6)

Die Barmherzigen können sich freuen, sie selbst werden Hilfe bekommen. (Mt 5,7)

Die ein gutes Herz haben, können sich freuen, sie werden Gott schauen. (Mt 5,8)

Die Friedensstifter können sich freuen, sie werden Kinder Gottes heißen. (Mt 5,9)

Die Verfolgten, die für Gerechtigkeit eintreten, können sich freuen, ihnen gehört das Reich Gottes. (Mt 5,10)

C Was wir tun können

Ich war hungrig, und ihr habt mir zu essen gegeben. (Mt 25,35)

Ich war durstig, und ihr habt mir zu trinken gegeben. (Mt 25,35)

Ich war fremd und ohne Wohnung, und ihr habt mich aufgenommen. (Mt 25,35)

Ich war nackt, und ihr habt mir Kleidung gegeben. (Mt 25,35)

Ich war krank, und ihr habt mich besucht und mich versorgt. (Mt 25,36)

Ich war gefangen, und ihr seid zu mir gekommen. (Mt 25,36)

D Wie die neue Zeit sein wird

Aus Schwertern machen sie Pflüge, sie lernen den Pflug zu führen, nicht das Schwert. (Jes 2,4)

Wölfe leben bei den Lämmern. (Jes 11,6)

Panther leben bei den Ziegen. (Jes 11,6)

Kuh und Bärin weiden zusammen. (Jes 11,7)

Der Löwe frißt Stroh wie ein Rind. (Jes 11,7)

Das Kind spielt am Loch der Schlange. (Jes 11,8)

Gott wird alle Tränen abwischen. (Jes 25,8)

Dann werden wir sein wie die Träumenden. (Ps 126,1)

Es wird nicht mehr dunkel sein über denen, die in Angst sind. (Jes 8,23)

Es gibt keine Kinder mehr, die nur wenige Tage leben. (Jes 65,20)

Es gibt keine Alten mehr, die ihre Jahre nicht vollenden. (Jes 65,20)

Wer mit hundert Jahren stirbt, gilt noch als Kind. (Jes 65,20)

Noch bevor sie rufen, antworte ich schon. (Jes 65,24)

Noch bevor sie reden, höre ich schon. (Jes 65,24)

Und ich sah einen neuen Himmel und eine neue Erde. (Off 21,1)

Bei den Menschen wird Gott jetzt wohnen. (Off 21,3)

Gottes Volk sind die Menschen. (Off 21,3)

Gott wischt alle Tränen aus ihren Augen. (Off 21,4)

Siehe, ich werde alles neu machen. (Off 21,5)

… und als die Musik ausklang, wählte jedes Kind eine Karte aus, die ihm besonders gut gefiel, und kam damit in unseren Sitzkreis. Reihum las jede und jeder – auch wir – den Satz vor und erläuterte die Auswahl, z.B.:

»Gott wird alle Tränen abwischen«: Meine Mama ist ja manchmal ein bißchen Gott, sie wischt mir Tränen ab.

»Wölfe und Schafe weiden miteinander«: Ich finde es gut, da vertragen sich die Tiere mit den Menschen.

»Es gibt keine Kinder mehr, die nur wenige Tage leben«: Wenn die Kinder sterben, bevor sie groß sind, ist das schlimm.

»Und ich sah einen neuen Himmel und eine neue Erde«: Da fliegen keine Kriegsflugzeuge mehr am Himmel, die Erde wird nicht mehr vergiftet.

R.O.: Schaffen wir das jetzt schon?

Sch.: Für den Anfang müßte Gott uns schon helfen.

R.O.: Wenn Gottes Reich ist, was passiert dann?

Sch.: Sie werden vernünftig.

Zu Beginn der nächsten Stunde suchten wir andere Namen für unsere Reich-Gottes-Karten. Die Kinder nannten sie: Friedenskarten – Gotteskarten – Liebeskarten – Satzkarten – Schatzkarten – Lebenskarten – Befreiungskarten. Damit in dieser Anfangsphase die Kinder möglichst viele Sätze gelesen und im Gesprächskreis gehört haben, führten wir zwei weitere Vorstellungsrunden (☞ o.) durch.

Ganz Ohr sein (Doppelstunde und Einzelstunde)

Nachdem wir den Verheißungen eines neuen Himmels und einer neuen Erde bis hierhin vorrangig über Sprache und Verstand begegnet waren, versuchten wir nun, uns dem Traum Jesu über die Einbeziehung aller Sinne zu nähern: mit dem Ohr, mit den Fingerspitzen, mit der Nase, mit der Zunge und mit den Augen. Ermöglichen unsere verschiedenen Sinne ein jeweils neues »Begreifen« dieses Traumes? Findet das einzelne Kind über »seinen« besonders sensibilisierten Sinn zu einem anderen »Verstehen« dieser Visionen und zu eigenen Visionen?

Unser erster neuer Zugang war das Hören von Musik. Zur Einstimmung hörten die Kinder den Kinder-Gedanken-Text »Erinnerung an einen Apfelbaum« von Susanne Kilian, der davon erzählt, was Musik bewirken kann:[5]

Erinnerung an einen Apfelbaum

W*ie ist das möglich?*
Wie kann manche Art von Musik ihn so froh machen? Dann sieht Gerd vor seinen Augen geträumte Bilder, schöne Bilder. Manchmal blühende Bäume, Apfelbäume. Das heißt, eigentlich nur einen bestimmten Apfelbaum. Er weiß nicht mehr, wann und wo er ihn sah. Aber seither hat Gerd nie mehr einen Baum so angeschaut wie diesen einen. Der war über und über besät mit weißrosa Blüten. Sie hatten sich alle geöffnet, wie Sterne so groß, und verdeckten die schwarzen Äste. Der ganze Baum summte von Bienen, und am Himmel zogen –

langsam und still wie große Segelschiffe – schneeweiße Wolken. Lautlos schneiten hier und da Blütenblättchen ins Gras, die Luft war weich und süß von ihrem Duft. Gerd wollte am liebsten hineintauchen in diesen weißrosa Blütenschaum, sich einfach hineinfallen lassen. Einziger Apfelbaum! Er ist in ihm, und bei bestimmter Musik sieht er ihn wieder vor sich, genau wie damals, ganz genau.
    Wie ist das möglich?

Ein kurzes Gespräch über eigene Erfahrungen vertiefte diese Gedanken, so daß sich die Kinder mit innerer Bereitschaft auf das Musikhören einlassen konnten. Unsere (subjektive) Auswahl von neun Musikstücken (auf Cassette vorbereitet) umfaßte vorwiegend instrumentale Musik, ein breites Spektrum von Klassik, Jazz und Rock, harmonischer und experimenteller Musik, von europäischer Herkunft und mit Weltmusikeinflüssen.

Unsere Musikangebote waren:
1) J.S. Bach: Choral: Ein' feste Burg ist unser Gott BWV 720
   Edgar Krapp spielt auf der Orgel im Dom zu Passau (Ariola Nr. 610031-231)
2) Trilok Gurtu: Om
   auf: Trilok Gurtu, Usfret (CMP CD 33)
3) W.A. Mozart: Klarinettenkonzert A-Dur KV 622
   Sabine Meyer u.a. / Staatskapelle Dresden (EMI CDC 7541382)
4) Friedemann: Sentimental Elegance
   auf: Friedemann, Indian Summer (BIBER Nr. 66301)
5) Genesis: That's all
   auf: Genesis live, The Way We Walk, Vol 1 (Virgin GEN CD 4)
6) Sigi Schwab: Silversand
   auf: Sigi Schwab & Percussion Academia, Silversand (Melos CD-GS1-704)
7) C. Bollmann u.a.: Invocations
   auf: Vor der Flut, Hommage an einen Wasserspeicher (Eigelstein ES 2025/26CD Efa 6025CD-24)
8) Pachelbel: Kanon in D-Dur, Collegium Aureum
   auf: Highlights CD 4 COLLEGIUM AUREUM: Meisterwerke der Barockmusik (Stereoplay Nr. 697002)
9) Paul Horn: Meditation
   auf: Paul Horn, Inside The Great Pyramide (KUCKUCK CD 060/61)

Jeweils vier bis sechs Kinder saßen in einer Tischgruppe, mit einem kompletten Päckchen Reich-Gottes-Karten vor sich ausgebreitet (wir hatten fünf verschiedenfarbig kopierte Päckchen vorbereitet). Zudem hatte jedes Kind ein Arbeitsblatt mit neun Feldern in der Größe der Karten mit Bezeichnung des jeweiligen Komponisten vor sich (☞ Abb.). Unsere Hinführung für die Kinder mag unsere weitere Arbeitsweise am besten verdeutlichen:

»Gleich hörst du neun sehr verschiedene Musikstücke. Vielleicht kannst du zu einem, zwei oder mehr Stücken sagen: Diese »Reich-Gottes-Karte« paßt dazu ganz besonders gut. Vielleicht kannst du mit Worten gar nicht erklären, warum Karte und Musikstück so gut zueinander passen. Du hörst alle 9 Stücke zuerst kurz (jeweils 30 Sek.). Entscheide dich noch nicht, warte noch! Erst beim zweiten Mal, wenn wir die Musikstücke länger hören (ca. 1 Min., 30 Sek.), lege die Karte in das passende Feld. An der Tafel zeigen wir dir, welche Musik gerade gespielt wird (TA mit neun Feldern).

Damit unsere Ohren nur die Musik aufnehmen, soll gleich kein anderes Geräusch in diesem Raum sein, kein Kratzen eines Stuhles, kein Rascheln von Papier, kein Flüstern. Sei jetzt ganz Ohr!«

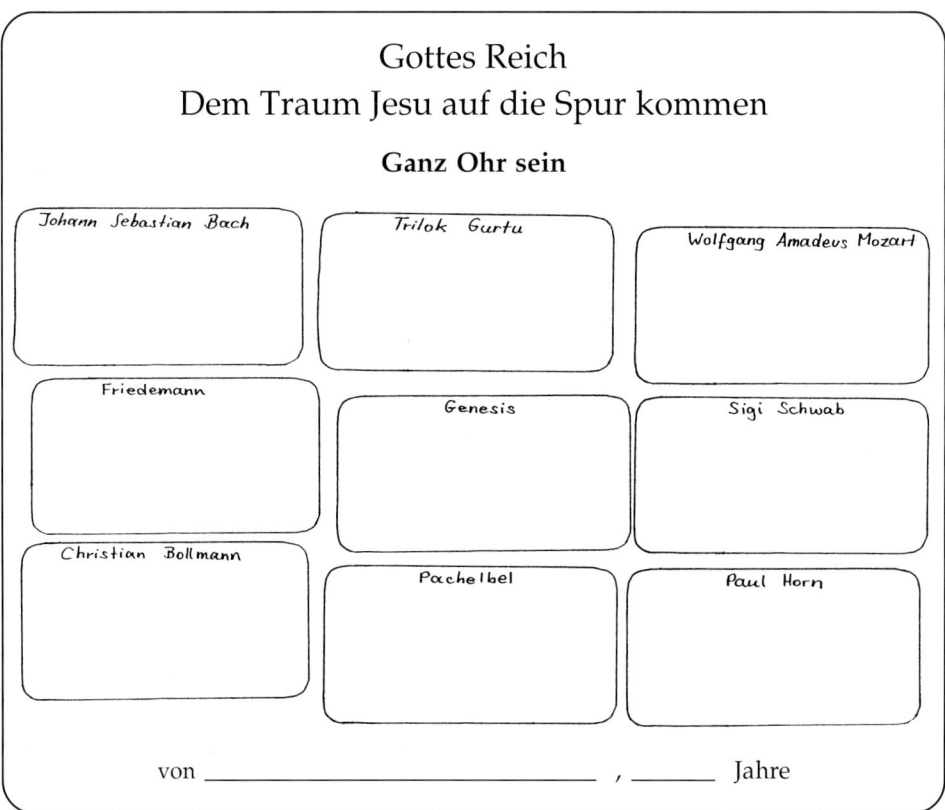

Nach dem Zuordnen, das zunächst zögerlich, dann zielstrebiger ablief, schrieben die Kinder ihre Sätze auf das Arbeitsblatt und wählten ihr Musikstück aus, zu dem sie gern weiterarbeiten wollten. Die Wahl war eindeutig: 14 Kinder wählten Mozart, sechs Kinder Genesis. In zwei Gruppen ordneten die Kinder ihrer nun vollständig zu hörenden Lieblingsmusik nochmal eine Karte zu, schrieben den Satz auf ein vorbereitetes Blatt, malten darunter ein Bild in einen vorgegebenen Rahmen und schrieben ihre Gedanken dazu unter das Bild.

Die bisherigen Zugänge fanden in der nächsten Stunde ihre Weiterführung. Wir legten die Bilder im Kreis aus, die Kinder konnten (freiwillig) ihre Bilder erläutern (was diesmal nur wenige taten). Die zentrale Frage lautete nun: Hatte die Musik die Bilder beeinflußt?

Die meisten Kinder konnten diese Frage nicht beantworten, einige bestanden aber darauf, daß ihre Bilder von der Musik stark geprägt wurden. Besonders der Übergang vom Allegro zum Adagio in Mozarts Klarinettenkonzert A-Dur hatte für mehrere Kinder eine benennbare Bedeutung: weg von einer unruhigen hin zu einer ruhigen Zeit.

Gottes Reich

Dem Traum Jesu auf die Spur kommen

Gott wischt alle Tränen aus ihren Augen.

Ich habe das so gemacht weil für mich meine Mutter wenn sie mich tröstet Gott ist.

Deshalb spielten wir nochmal für alle Kinder das Adagio mit dem Impuls, eigene »Reich-Gottes-Sätze« zu schreiben und zu erläutern.

Zum Ende der Stunde lasen die Kinder ihre Sätze zu leiser Mozart- Musik vor:

Ich bin morgens aufgewacht, und kein einziges Auto fuhr.
Ich war krank, und sie sind zu mir gekommen.
Gott tröstet mich.
Die Blätter fallen von den Bäumen, alle Tiere haben ihren Winterschlaf gehalten, es ist ganz leise, alle Tiere schlafen, noch nicht ein Vogel singt.
Die Bäume werden wieder Blätter bekommen.
Die die Tiere und Pflanzen verschonen, denen ist das Reich Gottes nahe.
Gott ist größer als die Erde.
Gottes Reich ist schöner als alle anderen zusammen.

Ganz Hand, Haut und Fingerspitze sein (Doppelstunde)

Um den Kindern eine größere Transparenz unseres Vorgehens zu ermöglichen, entwickelten wir zu Beginn der folgenden Stunde gemeinsam folgende Tafelanschrift, an der wir auch in der Folgezeit jeweils ankreuzten, was gerade »Thema« war:

Wir können

- ☐ ganz Ohr sein
- ☐ ganz Auge sein
- ☐ ganz Zunge sein
- ☐ ganz Hand, Haut und Fingerspitze sein
- ☐ ganz Nase sein

Unser zweiter Zugang über das Tasten und Fühlen – bei dem in unserem Fall auch das Sehen wesentlich einbezogen war – sei hier nur stichwortartig beschrieben, da er stark von unserem Medium geprägt war, einem »Dritte-Welt-Textilkoffer« von der GEPA mit neun verschiedenen Stoffen[6], den wir kurz vor der Durchführung der Reihe kennengelernt hatten und der uns faszinierte. Andere Materialien zum Tasten (Steine, feiner Sand, Wasser, Blatt, Pfirsich …) sind natürlich genauso denkbar.

- ☐ Präsentation der Textilien, Informationen zu Herkunft und Herstellung, Anziehen der Kleider, »Erspüren« und Kennenlernen der Stoffe mit Hilfe eines Arbeitsblattes (wie bei der Musik: neun Felder mit den Stoffbezeichnungen);
- ☐ Zuordnen passender Reich-Gottes-Karten zu den Textilien, Aufschreiben der Sätze auf das Arbeitsblatt;
- ☐ Formulieren eines eigenen Reich-Gottes-Satzes zum Fühlen der Textilien insgesamt, Malen eines Bildes dazu in einem angebotenen quadratischen Bilderrahmen (zur Anregung zum Malen von Mustern und Mandalas), ggf. mit Erläuterung.

Aus der intensiven Auseinandersetzung mit den Textilien erwuchsen neue Reich-Gottes-Sätze (mit dazugehörigen Bildern), bei denen deutlich wird, daß das Fühlen der Stoffe nur einen Teilaspekt ihrer faszinierenden Wirkung auf die Kinder ausmachte, z.B.:

Ich war fremd, doch wir verstehen uns.
Ich kam aus dem Krieg und war verletzt, doch ihr habt mich gesund gepflegt.
Gott hilft den Menschen, sich zu vertragen.
Die Armen können sich freuen, sie frieren nicht mehr.

Ganz Nase sein (Doppelstunde)

Auch das dritte »Sinn-Angebot« ermöglichte den Kindern ungewöhnliche Erfahrungen: das Riechen intensiver Düfte in Form von ätherischen Ölen. Die von uns ausgewählten Geruchsrichtungen waren Lavendel, Muskatellersalbei, Orange, Mandarine, Zimtblätter, Geranie und Rose, in hoher Verdünnung (je ein Tropfen in einem Wasserbecher) außerhalb des Klassenraumes dargeboten.

Zunächst hatten die Kinder Zeit, sich mit den Düften bekannt zu machen und im Kreisgespräch erste Eindrücke zu äußern (Erinnerungen, die die Düfte wachrufen; angenehme und unangenehme Gerüche). Darauf suchten die Kinder zu den beiden Lieblingsdüften Reich-Gottes-Karten und begründeten ihre Wahl im Kreisgespräch. Schließlich warteten wir still darauf, ob uns, angeregt durch die verschiedenen Gerüche, eigene Reich-Gottes-Sätze »wie Düfte zufliegen«. Das gelang nach zögerndem Beginn mit Hilfe eines vorgegebenen Satzanfangs »Der Duft …«:

Der Duft ist wie Himmel und Erde.
Der Duft zeigt Frieden.
Der Duft geht höher und höher.
Der Duft wird steigen über denen, die im Krieg leben.
Der Duft hilft den Armen.
Der Duft ist wie tausend Sterne.
Der Duft trägt mich fort.
Der Duft treibt mich dahin, wo der Duft am schönsten ist.
Der Duft der Blumen ist schön.
Der Duft geht auf wie eine Rose.
Der Duft treibt mich dahin, wo ein schönes Land ist.

Ganz Zunge sein (Einzelstunde)

Auch dem Schmecken wollten wir auf unserer Spur zum Traum Jesu Raum geben. Den Kindern waren das Grundarrangement der verschiedenen Kartensätze auf den Gruppentischen und der Umgang damit soweit vertraut, daß wir direkt gemeinsam die Tische vorbereiten konnten mit Sonnenblumenkernen, Rosinen, Schwarzbrot, Mandarinenstücken, Radieschen, Gummibärchen und Lakritz auf je einem Teller und mit einer Tas Zucker- und Salzwasser. Die Kinder bekamen zudem ein Blatt mit den im folgenden erklärten Satzanfängen:

»Als du ganz Ohr warst, hat dein Ohr geprüft, welche »Reich- Gottes-Sätze« zur Musik paßten. Als du ganz Fingerspitze warst, hast du erspürt, welche »Reich-Gottes-Sätze« zu den Stoffen paßten. Als du ganz Nase warst, hast du wunderschöne »Reich-Gottes-Sätze« gefunden, die anfingen mit »Der Duft«.

Heute wollen wir still werden und ganz Zunge sein, und wir wollen schauen, ob wir neue »Reich-Gottes-Sätze« finden. Damit unsere »Reich-Gottes-Sätze« auch sofort als solche erkennbar sind, sollen sie alle etwas Gleiches haben. Schau auf das Blatt vor dir: Entweder fangen die Sätze an mit »Im Reich Gottes …« oder mit »Dann …« oder mit »Der Geschmack …« oder sie haben irgendwo das Wort »Hunger« oder die Worte »satt werden«.

Warte auf die Sätze beim stillen Schmecken. Sie kommen nicht sofort, habe wie immer Geduld!«

Auch das Schmecken führte uns – diesmal noch unmittelbarer – zu Sätzen, die für Kinder eines 2. Schuljahres ungewöhnlich sind.

Hungernde merken den Geschmack. In Gottes Reich ist Gold wie Brot.
Der Hunger wird sich bei den Armen legen. Dann werden Menschen vom Geschmack gesund.
Dann haben die Armen keinen Hunger mehr und werden satt.
Ich hatte Hunger und nichts zu essen, und ihr habt mir zu essen gegeben. Die Weinenden werden getröstet.
Gott hat den Hunger gestillt.
Es ist schön, was zu schmecken. Es wird reich sein. Es wird dann sein. Der Geschmack ist dann. Dann hat Gott erschaffen.
Dann wird alles anders sein. Im Reich Gottes gibt es keinen Streit. Alle Leute werden anders im Reich Gottes sein.

Ganz Auge sein (Einzelstunde)

Erst unser letzter Zugang führte uns zu dem heute von den meisten Menschen bevorzugten und zugleich so wenig eingeübten und vielfach mißbrauchten Sehen. Die Phantasie und Assoziation eröffnenden Bilder wählten wir aus der den Kindern z.T. bekannten OH-Bild-Kartei (☞ Kap. 2, Anm. 21, und Kap. 8), zu der jedes Kind auf ein Arbeitsblatt mit Bildrahmen und Textzeilen das ausgewählte Bild anheftete und seinen Reich-Gottes-Satz schrieb (☞ die eingangs zitierten Beispiele). Überraschend wenige Kinder griffen dabei auf unser Satzangebot »Wenn …, dann werden wir sein wie die Träumenden« zurück. Sie sprachen lieber ihre eigene Sprache!

Der Blick zurück

Im Rückblick auf die vielfältigen und eine »lange Weile« erfordernden Zugänge gaben wir den Kindern in der letzten Stunde über folgende Fragen Gelegenheit zur Rückmeldung zu der Unterrichtsreihe:

1. Wann war für dich das Zuordnen der Reich-Gottes-Karten leicht?

   Als wir
   □ ganz Ohr waren
   □ ganz Auge waren
   □ ganz Zunge waren
   □ ganz Hand, Haut und Fingerspitze waren
   □ ganz Nase waren

   Wann war für dich das Zuordnen der Reich-Gottes-Karten schwer?

   Als wir
   □ ganz Ohr waren
   □ ganz Auge waren
   □ ganz Zunge waren
   □ ganz Hand, Haut und Fingerspitze waren
   □ ganz Nase waren

2. Welche der beiden Reich-Gottes-Sätze gefallen dir am besten? Wenn du diese beiden Sätze schreibst, kommt dann zu dir zurück eine Musik, ein Gefühl in den Fingerspitzen, ein Duft, ein Geschmack oder ein Bild?

1. Satz	Bei diesem Satz kommt zurück ...
2. Satz	Bei diesem Satz kommt zurück ...

3. Mein schönster eigener Reich-Gottes-Satz ist:

4. Das gefiel mir im Unterricht zu Gottes Reich am besten:

Die Ergebnisse dieses Fragebogens unterstreichen die Notwendigkeit unterschiedlicher Sinn-Wege, individuell verschieden angenommener Erfahrungsangebote:

■ Zu 1.:

Am ehesten einig waren sich die Kinder bei den für sie eher leichten Zugängen des Schmeckens (12 leicht : 3 schwer) und des Sehens (13 : 8). Unterschiedlich war die Einschätzung des Hörens (12 : 9). Eher schwer fanden sie das Riechen (7 : 10) und das Fühlen (5 : 9).

■ Zu 2.:

Erstaunlich war die enorm breit gestreute Verteilung bei der Angabe der Lieblingssätze. Von den 40 Sätzen wurden 29 genannt! Lediglich 10 dieser Sätze fanden eine mehrfache Erwähnung, darunter »Kranke werden gesund« (4) und »Neuer Himmel – neue Erde« (3).

Zu den favorisierten Sätzen werden deutlich dominierend auf das Riechen (12) und auf das Hören (11) bezogene Assoziationen angegeben, ein Anzeichen besonderer Erfahrungsintensität dieser Zugänge, während Sehen (4), Schmecken (3) und Fühlen (1) hier im Hintergrund bleiben.

■ Zu 4.:

Deutlich am besten gefallen haben den Kindern das für sie im Unterricht ungewöhnliche und lustvolle Schmecken (11) und das am nachhaltigsten praktizierte Hören (8). Das als leicht eingeschätzte und zu beeindruckenden Ergebnissen führende Sehen (1) dagegen lag wie das Riechen (1) und das Fühlen (0) weniger in der Gunst der Kinder.

Die gesamte Unterrichtsreihe hatte einen stark experimentellen Charakter, und es ist nicht überprüfbar, was das einzelne Kind denn nun dabei »gelernt« hat. Daß die Kinder aber von den biblischen Sätzen angesprochen waren, hatten sie uns in dieser Abschlußstunde vor der Beantwortung des Fragebogens auf eine geradezu unverschämt »kontrollierbare« Weise gezeigt.

Wir hatten die Kinder gebeten, sich möglichst viele der 40 Reich-Gottes-Karten in Erinnerung zu rufen. Erst wenn ein Satz wortwörtlich genannt war, legten wir ihn auf den Tisch. Das Ergebnis war erstaunlich: 30 Sätze wurden ohne Hilfe fast immer wörtlich »wieder-geholt«, mit leichter Hilfe 3 weitere, die übrigen durch Lesen der beiden ersten Wörter. Selbst über ein halbes Jahr danach – die Sommerferien lagen dazwischen – gelang es den Kindern, nachdem ein Anfang gefunden war, über 30 Sätze aus Gedächtnis und Herz hinaufzuholen! Die Sprache der Hoffnung war es, die bei den Kindern Eingang gefunden hatte und die nicht ein Auswendiglernen, sondern ein inwendiges Vergegenwärtigen ermöglichte.

10 Bilder, Texte und Musik wahrnehmen und gestalten

Für ein metaphorisches Verstehen und offenes
religiöses Lernen mit Kindern

Im letzten Kapitel will ich die in den einführenden Überlegungen (☞ Kap.
1) und den Entfaltungen zu einzelnen Themen des Religionsunterrichts (☞
Kap. 2 bis 9) geknüpften Fäden zusammenführen, bedenken und Schlußfolge-
rungen daraus ziehen:

1 ausführlich durch näheres Eingehen auf den in diesem Buch bevorzugten
Umgang mit Bild-, Sprach- und Musikwerken, und zwar rückblickend auf die
themenbezogenen Kapitel (☞ A) und weiterführend mit neuen Beispielen
(☞ B) und grundsätzlichen Thesen (☞ C);

2 durch Hervorheben der Möglichkeiten metaphorischen Verstehens und
Sprechens mit Kindern;

3 durch Herausstellen der Bedeutsamkeit religiösen Lernens mit Kindern für
die Theologie und

4 durch Zusammenfassen einiger Aspekte einer Praxis offenen religiösen
Lernens.

Zunächst sei also die Aufmerksamkeit nochmals auf den Umgang mit Bildern,
Texten und Musik gerichtet. Den Einstieg in den methodischen Schwerpunkt
bildet jeweils eine Zusammenstellung der in den einzelnen Kapiteln enthaltenen
Unterrichtselemente und - anregungen (☞ A). Wer sich dieses »alternative
Inhaltsverzeichnis« langsam in der Rückschau vergegenwärtigt, wird das viel-
fältige »Netz« der Beziehungen untereinander entdecken. Von besonderer
Bedeutung ist für mich der wechselseitige Zusammenhang zwischen der Be-
gegnung und Auseinandersetzung mit Werken aus Malerei, Literatur und
Musik einerseits (☞ 1) und der kreativen Eigentätigkeit der Kinder im Malen,
Schreiben und Musizieren andererseits (☞ 2). In den meisten Fällen geht der
gestalterische Ausdruck der Kinder im Malen aus der Bild-Begegnung, im
Schreiben aus der Auseinandersetzung mit einem Werk der Sprache hervor.

137

Das Malen und Musizieren kann jedoch auch Konsequenz der Auseinandersetzung mit Texten sein. Das Schreiben kann sich aus dem Dialog mit und über Bild und Musik entwickeln. Sowohl die Begegnung mit fremden Werken als auch die Schaffung eigener Werke führt in das gemeinsame Gespräch.

Umgang mit Bildern

A) Die Rückschau

1) Wahrnehmen und bedenken

- ☐ Chagall: Radierung zu Mose am brennenden Dornbusch (☞ Kap. 2)
- ☐ Bildersammlung zur Gottesfrage (☞ Kap. 2)
- ☐ Bilder der Sonne (☞ Kap. 4)
- ☐ Bilder zu »Stonehenge« und »Echnaton« (☞ Kap. 4)
- ☐ Christussonne (☞ Kap. 4)
- ☐ Tübinger Sonnenstein (☞ Kap. 4)
- ☐ Mandala-Malbild (☞ Kap. 4)
- ☐ Auferstehungsbilder (☞ Kap. 4)
- ☐ Manessier: Passion (☞ Kap. 4)
- ☐ Manessier: Auferstehung (☞ Kap. 4)
- ☐ Lorenzer: Kinderfotos, verschiedene Stimmungen (☞ Kap. 6)
- ☐ Kollwitz: »Ruht im Frieden seiner Hände« (☞ Kap. 7)
- ☐ Filmgeschichte: Madi (☞ Kap. 8)
- ☐ Bildersammlung zum Schuldigwerden (☞ Kap. 8)
- ☐ Bildersammlung zu Reich-Gottes-Sätzen (☞ Kap. 9)
- ☐ Schöpfungsbilder (☞ Kap. 10, u.)
- ☐ Bilder von Himmel und Erde (☞ Kap. 10, u.)

2) Gestalten und zum Ausdruck bringen
- ☐ Ein Bild mit dem Thema »Gott wird Mensch« malen (☞ Kap.2)
- ☐ Farbliche Gestaltung der Chagall-Radierung (☞ Kap. 2)
- ☐ Ein Stille-Bild malen (☞ Kap. 2)
- ☐ Schattenumriß des Kopfes eines Mitschülers zeichnen (☞ Kap. 3)
- ☐ Sonnenbilder gestalten (☞ Kap. 4)
- ☐ Einen Sonnenstein fertigen (☞ Kap. 4)
- ☐ Ein Mandala malen (☞ Kap. 4)
- ☐ Passions- und Auferstehungsbilder malen (☞ Kap. 4)
- ☐ Einen Zeit-Gutschein gestalten (☞ Kap. 5)
- ☐ Bilder zu Koh 3, 1-8 malen (☞ Kap. 5)
- ☐ Bilder zu Psalmworten malen (☞ Kap. 6)
- ☐ Bilder zu: »Wenn ich einmal sterbe« entwickeln (☞ Kap. 7)
- ☐ Leitwörter zu »Madi« als »Körperbild« darstellen (☞ Kap. 8)
- ☐ Bilder zu Reich-Gottes-Sätzen malen (☞ Kap. 9)
- ☐ Schöpfungsbilder (weiter)malen (☞ Kap. 10, u.)
- ☐ Gestaltung zu einem Himmel-und-Erde-Gedicht (☞ Kap. 10, u.)

»Der religionspädagogische Wert von Bildern besteht nicht in erster Linie darin, daß sie sich dank ihrer ausdrücklich religiösen Motivik für die Vermittlung von Glaubensinhalten gebrauchen lassen, sondern daß sie einen hermeneutischen Prozeß in Gang setzen, in dem sich die (religiösen) Erfahrungen des Künstlers und des Betrachters wechselseitig erschließen.«[1]

»Der Vergleich thematisch identischer Bilder ist ein vorzüglicher Weg, genauer hinzusehen. In der Differenz der künstlerischen Realisation tritt unausweichlich vor Augen, daß ein Bild etwas anderes ist als die einfache Illustration eines Themas (oder Textes), die anschaulich sagt, was man in Kenntnis von Text und Thema eigentlich schon weiß. In ihr kommt zum Vorschein, welch unterschiedliche Ansichten ein und dasselbe Thema hervorgerufen hat und zuläßt. Im Mit- und Gegeneinander solcher Ansichten kann uns die Sinnfülle und Strittigkeit eines Themas zur Erfahrung kommen.«[2]

Diese für mich leitenden bilddidaktischen Aussagen »rahmen« zusammen mit weiteren Überlegungen (☞ C) ein letztes Beispiel unterrichtlichen Umgangs mit Bildern ein.[3]

B) Schöpfungsbilder

1) Bilder vergleichen

Die folgenden fünf Schöpfungsbilder, hier vorgestellt unter dem Gesichtspunkt ihrer Vergleichbarkeit, waren Gegenstand des Unterrichts im 3. Schuljahr.

 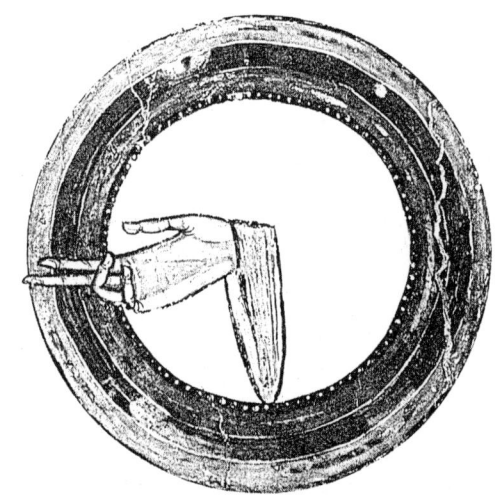

a) Gott als Schöpfer der Welt – von außen und innen

Das erste Bild – eine schlichte Zeichnung nach Religionsbuch-Motiven – erzählt in naiver Darstellung von der Erschaffung der Welt durch Gott: Tag und Nacht, Wasser und Land, Sonne, Mond und Sterne, Fische und Pflanzen heben sich in Schwarz-Weiß-Kontrasten voneinander ab. Gott weist im Symbol der Hand auf sein Werk (zugleich

Sprech- und Segensgestus) und übergibt es den Menschen. Fragwürdig ist dieses Bild durch die historisierende Illustration der priesterlichen Schöpfungserzählung und durch das vermittelte Gottesbild: Gott ist oben und außerhalb der Welt.

Das romanische Fresko »Die göttliche Hand« vom Meister von Tahull aus der Kirche San Clemente (Spanien, um 1225) erscheint hierzu als Gegenbild.[4] Es ist kein erzählendes, der westlichen Bildtradition verpflichtetes »Schaubild«, sondern ein meditatives, zur Mitte führendes Bild. Die Hand als Symbol der göttlichen Schöpfermacht erscheint geöffnet, zeigend und segnend aus dem Zentrum des Kreises. Gott kommt hier innerhalb der von ihm geschaffenen Welt ins Bild, läßt sich sogar »in die Hand schauen«.

Die Kinder entdeckten im Vergleich dieser Bilder ohne weiteres den doppelten Aspekt der Gotteserfahrung »in unserem Herzen und von außen«. Der Einsicht von Augustinus entsprechend, Gott »in allen Dingen« und »außerhalb aller Dinge« zu suchen und zu erfahren, meinten sie, die Bilder zeigten beide etwas »Wahres« und gehörten zusammen. Das demonstrierte ein Kind auf unkonventionelle Weise, indem es die beiden als Folien gezeigten Bilder einfach übereinanderschob, so daß der Kreis des Freskos die Erde umgab: sie paßten tatsächlich zueinander.

b) Gott als Schöpfer der Welt – in Tat und Wort

Das bekannte Titelbild einer französischen Bilderbibel (um 1220) zeigt Gott als »Baumeister der Welt«. Was uns zunächst als bedenklich gegenständliches Gottesbild erscheint oder sogar ärgert, deckt der Kreuznimbus unmißverständlich als hohe theologische Reflexion des Malers auf: Jesus Christus, Bild des unsichtbaren Gottes, tritt aus dem goldenen Hintergrund, dem Bereich des Göttlichen, als Schöpfergott hervor, in intensiver Beziehung zu seiner Schöpfung, bis in die Zehenspitzen gespannt, ein Gott, der »aus dem Rahmen fällt«, der sein Letztes gibt für seine Welt. Doch auch hier erscheint der Schöpfer außerhalb der Welt.

Erneut ein Kontrastbild ist die »Erschaffung der Welt« auf dem Genesis-Teppich aus der Schatzkammer der Kathedrale von Gerona (ca. 1050-1125).[5] Der Schöpfer – wiederum Christus – ist als Lichtgestalt in der Mitte der Welt und erschafft durch sein Wort (Sprech- und Segensgestus), was auf neun Außensegmenten um ihn herum gezeigt wird: in der oberen Hälfte Gottes Geist über den Wassern, die Engel der Finsternis und des Lichtes, die Erde und die Trennung der Wasser (jeweils gegenüberliegend), in der unteren Hälfte die Vielfalt der Tiere, der männliche Mensch mit den Tieren, die Erschaffung der Menschen als Mann und Frau. Die

Schriftbänder des Innenkreises (Und Gott sprach: es werde Licht und es ward Licht) und des Außenkreises (Im Anfang schuf Gott Himmel und Erde, das Meer und alles, was in in ihnen ist. Und Gott sah alles, was er gemacht hatte, und es war sehr gut) kommentieren das Geschehen. So entsteht in der Gesamtkomposition die Ansicht einer Christus-Sonne, von der Licht und Leben ausgehen.

Gemeinsam ist den beiden Bildern die zentrale Christus-Gestalt als Schöpfergott. Wird bei einem jedoch Schöpfung als Tat von außen gezeigt, betont das andere die Wort-Schöpfung und Gottes Stellung als Licht (in) der Welt und unter uns Menschen.

c) Schöpfung als Entwicklung des Lebens

Das Tafelbild »Die Schöpfung« von Adolf A. Osterider (Pfarrheim Groß-St. Florian/Stmk., 1986)[6] variiert viele der in den bisherigen Bildern enthaltenen Aspekte. Es ist mit didaktischer Absicht als bildliche Umsetzung des priesterlichen Schöpfungsberichtes gemalt. Innerhalb der Eiform, der Urzelle allen Lebens, differenzieren sich, im Uhrzeigersin angeordnet, in Anlehnung an die biblische Erzählung die Lebensformen: von der Entstehung des Alls, der Sonne, des Mondes und der Sterne, der Erde usw. bis hin zu den Menschen. In der Mitte sehen wir ein kreisrundes goldenes Gottessymbol, von dem alles ausgeht und auf das alles hingeordnet ist.

Die Auseinandersetzung mit diesen Bildern wirft über den Vergleich Fragen nach dem (eigenen) Verständnis der biblischen Schöpfungserzählungen auf: Mit welchem Bild bist du am meisten einverstanden? Welches zeigt etwas anderes, als du dir vorstellst? Können wir sagen, ein Bild ist »falsch« und ein anderes »richtig«? Was zeigen die Bilder? Was können sie nicht zeigen? Auf welche Weise sind die Bilder wahr?

2) Eigene Bilderfindung

Die Doppeldeutigkeit ist beabsichtigt: In der folgenden kreativen Annäherung an das Bild von A. Osterider werden Bilder gefunden und erfunden.

Nach der Betrachtung der vier Bilder (☞ o.) kündigte ich den Kindern ein weiteres Schöpfungsbild an, zeigte es aber noch nicht. Ich hatte zwei Exemplare des Posters entlang der Linien im Bild in je 12 Teile zerschnitten (zweimal in der Horizontalen, dreimal in der Vertikalen), und nun bekam jedes Kind einen Ausschnitt des Bildes, ein weißes DIN-A3-Blatt und Pastell-Ölkreide. Die Herausforderung bestand darin, den Bildausschnitt an eine selbst gewählte Stelle des Blattes zu kleben und von diesem Ausschnitt her das Bild weiterzumalen und so zu einem eigenem Schöpfungsbild zu kommen. Erst nach der ausführlichen Vorstellung und Befragung der Kinderbilder betrachteten wir das Gesamtbild von Osterider und reihten es in unsere Vielfalt ein.

Die Schöpfungsbilder der Kinder beeindrucken durch ihren Reichtum an Phantasie und Farben, durch ihre Ruhe oder ihre Dynamik. Das Bild von Hella (s. Buchdeckel) steht für viele stille Bilder. Bei diesem Bild fasziniert mich das Gespür für Bildaufbau, Kontraste, Farbwahl vom Dunklen ins Helle und vom Hellen ins Dunkle. Bei anderen Bildern tauchen Motive der vorher gesehenen Bilder, etwa die Hand, wieder auf. Gott wird jedoch ansonsten – entwicklungspsychologisch überraschend – nicht dargestellt, sondern bleibt innerhalb seiner Schöpfung verborgen anwesend. Die Vertiefung der Kinder in das Malen und ihre Äußerungen zu ihren Bildern ließen eine Einfühlung in das Bildthema erkennen, die ein eher kognitiver Zugang nicht ermöglicht hätte.

142

C) Bilder im Religionsunterricht

Die folgenden Überlegungen zur Bilddidaktik enthalten indirekt Kriterien für ein »gutes« Bild.

1 Ein Bild spricht jenseits von Abbildung, Illustration und Information seine eigene Sprache. Es erzählt nicht – wie der Text – im Nacheinander der Zeit, sondern ist durch die Gleichzeitigkeit des Gezeigten spannungsvoll bestimmt. Ein Bild zeigt nicht, wie etwas (historisch) war, sondern enthält die Möglichkeit zu entdecken, wie (existentiell) wahr etwas ist. Es ist bedeutungsoffen, lebt von seinem Überschuß an Bedeutung, zeigt mehr und kann sogar den Blick für Unsichtbares öffnen.[7]

2 Ein Bild läßt uns an der Einbildungskraft der Künstlerin oder des Künstlers teilhaben, weckt und erweitert so eigene Vorstellungen und Erfahrungen. Die Unbestimmtheit und Mehrdeutigkeit des Bildes provoziert Gespräche über mitgebrachte bzw. eröffnete Vorstellungen und Erfahrungen, zielt auf Vergegenwärtigung der »Sache«, der eigenen Person und der Mitbetrachter im dialogischen Geschehen statt auf Vermittlung durch einen Bescheidwissenden und bewahrt davor, sich ein festgelegtes Bild zu machen.

3 Der Anspruch des Bildes an die Betrachtenden erfordert die intensive Auseinandersetzung eines jeden für sich und aller miteinander mit dem einzelnen Bild und ggf. mit verschiedenen Bildern im Vergleich. Methoden der Verlangsamung, wie z.B. eine verzögerte Wahrnehmung zunächst von Teilen des Bildes, eine vorwegnehmende »Einbildung« des gesamten Bildes vor dessen Betrachtung (☞ Mosebild, Kap. 2), können die Auseinandersetzung verstärken.

4 Eine angemessene Begegnung mit Bildern verlangt nach einer Auseinandersetzung mit Bildern und ihrer Erzählweise auf einer kindgerechten »Meta-Ebene«, z.B. durch Befragen von Bildern, die die Gesetze der abbildbaren Wirklichkeit durchbrechen (Collagen), durch Nachdenken über Bilder, die sich selbst in Frage stellen (z.B. »Ceci n'est pas une pomme«, das Bild eines Apfels von R. Magritte) oder durch das Schreiben und Vergleichen von Geschichten jedes einzelnen zu einem bedeutungsoffenen Bild (dasselbe Bild – verschiedene Geschichten).[8]

5 Zu einem ganzheitlichen Umgang mit Bildern gehört die bildnerische Eigentätigkeit des Kindes[9], z.B. durch weiterführende Gestaltung des Bildthemas (☞ Passions- und Auferstehungsbilder, Kap. 4) oder vorwegnehmend durch eine Gestaltung zum Bildthema (☞ o.). Das Sehen von Bildern ist eng damit zu verknüpfen, in sich hineinzusehen und die eigenen Bilder zum

Ausdruck zu bringen. Indem die Kinder selbstbewußt »wie die Künstlerinnen und Künstler« zum Bildthema eine eigene kreative Arbeit erstellen, verarbeiten sie nicht nur das Gesehene und die dadurch erweiterten Vorstellungen, sondern schaffen selbst neue Medien der Auseinandersetzung und des Austausches mit den anderen Kindern.

Umgang mit Geschichten und Fragen, Gedichten und Bibelworten

A) Die Rückschau

1) Wahrnehmen und bedenken

- ☐ Fried: Kleine Frage (☞ Kap. 1)
- ☐ Kilian: Gottes Augen (☞ Kap. 2)
- ☐ Auer: Tischrede (☞ Kap. 2)
- ☐ Sufi-Geschichte: Die Blinden und die Sache mit dem Elefanten (☞ Kap. 2)
- ☐ Impulsfragen zum Glauben (☞ Kap. 2)
- ☐ Ex 3, 1-15: Mose am brennenden Dornbusch (☞ Kap. 2)
- ☐ 1 Kön 19, 1-13a: Elija am Berg Horeb (☞ Kap. 2)
- ☐ Hené: Ich bin und weiß nicht wer (☞ Kap. 3)
- ☐ Wietig: Wer bin ich? (☞ Kap. 3)
- ☐ Auer: Zufall (☞ Kap. 3)
- ☐ Kilian: Innendrin (☞ Kap. 3)
- ☐ Spohn: Ich (☞ Kap. 3)
- ☐ Thoma: Ich kam, weiß nit woher (☞ Kap. 3)
- ☐ Wußtest Du, … (Fragen zur Sonne) (☞ Kap. 4)
- ☐ Stonehenge-Erzählung (☞ Kap. 4)
- ☐ Echnaton-Erzählung (☞ Kap. 4)
- ☐ Sonnengesang des hl. Franz (☞ Kap. 4)
- ☐ Gebetssätze von Echnaton und Franziskus (☞ Kap. 4)
- ☐ Analogie-Text zur Sonne bzw. zu Gott (☞ Kap. 4)
- ☐ Wölfel: Geschichte vom eiligen Mann (☞ Kap. 5)
- ☐ Zen-Geschichte vom weisen Menschen (☞ Kap. 5)
- ☐ Kilian: Die Zeit und Lena mittendrin (☞ Kap. 5)
- ☐ Koh 3, 1-8: Alles hat seine Stunde (☞ Kap. 5)
- ☐ Manz: Das Gras wachsen hören (☞ Kap. 5)
- ☐ Zen-Geschichte von vier Schülern (☞ Kap. 5)
- ☐ Impuls-Fragen zur Stille (☞ Kap. 5)
- ☐ Psalmworte (☞ Kap. 6)
- ☐ Oyen: Abschied von Rune (Auszug) (☞ Kap. 7)
- ☐ Wie neu geboren? (☞ Kap. 7)
- ☐ Phantasiereise zu »Raupe-Puppe-Schmetterling« (☞ Kap. 7)
- ☐ Marchon: Jemand stirbt (☞ Kap. 7)
- ☐ Reizwörter-Sammlung (☞ Kap. 8)

- ☐ Heinz-Dilemma, Konfliktgeschichten (☞ Kap. 8)
- ☐ Schuldgeschichten in der Bibel (☞ Kap. 8)
- ☐ Jes 11, 6-8: DANN wohnt der Wolf ... (☞ Kap. 9)
- ☐ Reich-Gottes-Sätze der Bibel (☞ Kap. 9)
- ☐ Kilian: Erinnerung an einen Apfelbaum (☞ Kap. 9)
- ☐ Guggenmos: Erde unser (☞ Kap. 10, s.u.)
- ☐ Borchers: Ich erzähle dir eine Geschichte (☞ Kap. 10, s.u.)
- ☐ Kaiser: Traum von einer neuen Welt (☞ Kap. 10, s.u.)

2) Gestalten und zum Ausdruck bringen

- ☐ »Große Fragen« (☞ Kap. 1)
- ☐ Der Name Gottes in eigenen Worten (☞ Kap. 2)
- ☐ »So-bin-ich«-Texte, ABC-Gedichte und Ich-Gedichte (☞ Kap. 3)
- ☐ Assoziationen zur »Sonne« (☞ Kap. 4)
- ☐ Zeitfragen-Gedicht (☞ Kap. 5)
- ☐ Unser Zeitenbuch (☞ Kap. 5)
- ☐ Gedanken und Geschichten zu Psalmworten (☞ Kap. 6)
- ☐ Eigene Sätze in der Sprache der Psalmen (☞ Kap. 6)
- ☐ Trostbrief an die Freundin von Rune (☞ Kap. 7)
- ☐ Gedicht »Jemand stirbt ...« (☞ Kap. 7)
- ☐ Leitwörter zum Film »Madi« (☞ Kap. 8)
- ☐ Geschichten zum »Schuldigwerden« zu Reizwörtern und Bildern (☞ Kap. 8)
- ☐ Fortsetzung/Stellungnahmen zu Dilemmageschichten (☞ Kap. 8)
- ☐ Fragen zu Schuld, Religion und Gott (☞ Kap. 8)
- ☐ Eigene »DANN-Sätze« (Jes) (☞ Kap. 9)
- ☐ Gedanken zu den Reich-Gottes-Sätzen (☞ Kap. 9)
- ☐ Eigene Reich-Gottes-Sätze zu Musik, Textilien, Düften, Eßwaren und Bildern (☞ Kap. 9)
- ☐ Assoziationen zu »Himmel und Erde« (☞ Kap. 10, u.)
- ☐ »Der Himmel auf Erden ist für mich ...« (☞ Kap. 10, u.)
- ☐ Gedanken zu einem Hörbild über Himmel und Erde (☞ Kap. 10, u.)
- ☐ Adjektive und »Gottes-Sätze« zu Klangbildern (☞ Kap. 10, u.)

B) Zwischen Himmmel und Erde

Im Rahmen eines Unterrichtsprojektes, das anhand von Bildern, Gedichten und Musik thematisch um »Himmel und Erde« kreiste und religionspädagogische Zielsetzungen wie Klärung und Bearbeitung von Weltbild-, Gottes- und Jenseitsvorstellungen, Erkennen der Eigenart religiöser Sprache und Staunen über die Schöpfung verfolgte, schrieben die Kinder (3. Schuljahr) eigene Assoziationen und Gedanken. Die hier skizzierten Ausschnitte unterstreichen die sich daran anschließenden grundsätzlichen Überlegungen zum Umgang mit Texten.[10]

1) Brainstorming

Zum Einstieg nach Betrachtung eines zwischen »Hemel« und »Aard« schwebenden Menschen (Bild zu einer niederländischen Ausstellung) schrieben die Kinder in einem Brainstorming an die Tafel:

<table>
<tr><td colspan="2" align="center">

Himmel

</td></tr>
<tr><td>

Stern   tot   **Licht**   Schmetterlinge   SCHÖN   Mond   Zeit

schweben   GOTT   fliegen   *Regenbogen*   Wärme   *Schnee*   Vogel

Flugzeug   SONNE   **Wolke**   Wasser   **Jesus**   Stille   LUFT

</td></tr>
<tr><td>

Haus   FLUSS   Welt   **Blume**   NATUR   Baum   Gras   *Erde*

Luft   **Hase**   Stadt   LEBEN   Meer   Auto   Regenwurm

Lebewesen   ***Känguruh***   Menschen   **Straßen**   KINDER

</td></tr>
<tr><td colspan="2" align="center">

Erde

</td></tr>
</table>

Da ein Kind zur ERDE Erde eingefallen war, nämlich Blumenerde, überlegten wir uns verschiedene Bedeutungen für Erde (»Teekesselchen-Spiel«):
ERDE – Blumenerde zum Pflanzen
ERDE – etwas fällt auf den Boden
ERDE – die Welt, in der wir leben
ERDE – der Planet im All
Auch für »Himmel« stellte sich nun die Frage nach verschiedenen Bedeutungen. Hierzu schrieben die Kinder Sätze und Ausdrücke mit »Himmel« auf, die wir dann verglichen und ordneten:

das Flugzeug fliegt am Himmel	Gott ist im Himmel
der Himmel, den wir von unten sehen	die Toten sind im Himmel
die Sonne beleuchtet den Himmel	der Tod, der im Himmel ist
	Gott hat Jesus in den Himmel geführt
	der Himmel, nicht die Wolken
	der Frieden, der im Himmel wohnt
	der Himmel, den man fühlt

Eine Hilfe für die Kinder war die Unterscheidung in der englischen Sprache von »sky« (der konkrete Himmelsraum) und »heaven« (symbolisch-religiöse Bedeutung), die sie ohne Probleme auf ihre Ausdrücke beziehen konnten.

2) Umschreiben

Zu einem späteren Zeitpunkt beschrieben die Kinder nach langem Besinnen und Nachdenken in einem Satz »ihren« Himmel auf Erden:

Der Himmel auf Erden ist für mich …
- □ da, wo noch Pflanzen sind und Bäume.
- □ wenn ich ein Zuhause habe und die Eltern Freunde finden.
- □ wenn mich irgendeiner gerne hat; egal wer, Hauptsache einer. Aber er soll mich wirklich gern haben, nicht nur in guten Zeiten, auch in schlechten Zeiten.
- □ wenn meine Mutter sagen würde: Was willst du heute machen?
- □ wenn sich alle Kinder aus der Schule vertragen würden und dann auch alle anderen Schulen und plötzlich würde sich die ganze Welt vertragen.
- □ wenn auf der ganzen Welt Frieden ist und jeder etwas zu essen hat und alle sich gut untereinander verstehen.
- □ wenn sich alle Leute, auch schwarze und weiße Menschen, vertragen und den Himmel auf die Erde lassen.
- □ ein Teil von Gott.

Ihre schönen Sätze trugen die Kinder, jeweils gerahmt von einem leisen Glockenklang, vor.

3) Hören und Sehen: Eindrücke ausdrücken

Im Mittelpunkt eines weiteren Zugangs stand ein von mir zusammengestelltes »Hörbild« über die Erde: Bilder aus dem Weltall (Sterne im Universum – Mond – Erdaufgang vom Mond aus – Ansichten der Erde – Sterne)[11] mit dazu ausgewählter Musik[12]. Nach zweimaligem Hören und Sehen schrieben (und malten) die Kinder zu ihren Eindrücken:

»Die Erde ist im Weltall. Ist der Weltraum auch in etwas?«
»Warum ist das Weltall so groß, daß es unendlich lang ist?«
»Die Erde ist rund
und ganz bunt.
Der Mond ist hell,
die Sonnenstrahlen sind schnell.«
«Die Erde ist bunt und voller Lebewesen,
hoffentlich für alle Ewigkeit.»
»Die Erde kann Liebe, Freude und Spaß zaubern. Sie ist geheimnisvoll.«
»Die Sonne glüht,
der Mond scheint,
die Erde blüht.«

Das Hören der Musik mit gleichzeitiger Imagination der Bilder als Stilleübung in der darauffolgenden Stunde konnten wir mit den Gedanken eines Mädchens einleiten:

»Wenn man sich in die Lage eines Astronauten versetzt, denkt man: Hier oben würde ich gerne bleiben. Aber eigentlich wäre es viel zu einsam. Zwar hätte man den ganzen Tag schöne Bilder vor sich. Es würde dann aber irgendwann langweilig werden und man würde sich auf die Erde zurückwünschen. Eigentlich braucht man nicht ins Weltall zu fliegen, um diese wunderschönen Bilder zu sehen. Wenn man die Augen schließt und fest daran denkt, kommen einem eigene Bilder von Himmel und Erde, die meistens viel schöner sind als die echten.«

4) Gestalten und vortragen

Aber auch dem Umgang mit Gedichten zu Himmel und Erde wurde viel Zeit und Raum gegeben. Einige Tage bereits hatten wir ca. zehn Gedichte[13] auf großen Blättern im Klassenraum hängen, als die Kinder eine Seite mit ihrem liebsten Gedicht mit Bildern und Verzierungen schrieben und gestalteten. Das trugen sie dann in der folgenden Stunde vor, angeregt durch die Hilfestellung: »Sprich dein Gedicht so, daß du selbst es hörst und spürst, was du sagst!«[14]

Josef Guggenmos

> *Gibt's einen Gott, war er es auch,*
> *der ihn schuf, unseren schönen Planeten.*
> *Wir machen ihn arm. Wir bringen ihn um.*
> *Wie wagen wir noch zu beten?*

Elisabeth Borchers

> *Ich erzähle dir eine Geschichte*
> *von einem Himmel*
> *Der Himmel hat keine Bäume*
> *der Himmel hat keine Vögel*
> *der Himmel ist auch kein Erdbeerfeld*
> *Der Himmel ist ein Kleid*
> *das der Erde zu weit ist*
> *Der Himmel hat morgens*
> *und abends ein rotes Dach*
> *Der Himmel ist ein Bauch*
> *in den wir kriechen*
> *Der Himmel ist nicht so wie du denkst*
> *der Himmel ist blau.*

Heidi Kaiser: Traum von einer neuen Welt

> Luftschlösser bauen
> und darin wohnen,
> Kornblumen malen
> und binden zum Strauß.
> Haß und Feindschaft
> mit Liebe belohnen,
> die Erde vereinen
> zum Weltenhaus.
>
> Auf dem Sonnenstrahl tanzen
> und nicht verglühn,
> auf dem Mond Bäume pflanzen
> und Weinreben ziehn.
> Alle Kinder der Welt
> zum Lachen bringen –
> bis Erde und Himmel,
> Himmel und Erde
> im gleichen Takt schwingen,
> mit einem Ton klingen,
> den Frieden bringen.

Diese Gedichte, die die Kinder am meisten ansprachen[15], wurden nur sparsam kommentiert und kaum interpretiert: Sie sprechen aus sich heraus oder wollen nicht bis ins Letzte verstanden und gedeutet werden!

Zum Abschluß hörten die Kinder zwei poetische Himmel-und-Erde-Visionen der Bibel: »Ein neuer Himmel – eine neue Erde« aus dem Jesaja-Buch (65, 17-25) und »Das neue Jerusalem« aus dem Buch der Offenbarung (21, 1-7). Auch nach einem Jahr erkannten sie in diesen Bibeltexten nahezu alle Reich-Gottes-Sätze aus unserem Unterricht (☞ Kap. 9) wieder!

C) Texte im Religionsunterricht

1 Geschichten, Gedichte und andere Textarten zeitgenössischer Kinderliteratur lösen einen Prozeß des Nachdenkens aus und wecken Fragen bei den Kindern. Sie erinnern und bringen zur Sprache, was die Kinder vielleicht bereits gedacht haben, aber nicht verbalisieren (können). So werden die Texte vorzüglicher Anlaß zu nachdenklichen Gesprächen, in denen es um ihren Inhalt, mehr aber um die Lebenserfahrungen und Fragen der Kinder geht.

2 Geschichten bieten den Kindern Identifikationsmöglichkeiten und Verhaltensmodelle an. Sie können Antworten nahelegen, ohne das Fragen zu beenden.

Dilemma-Geschichten motivieren Kinder zur Reflexion über ethische Fragen und können so die ethische Entwicklung fördern.

»Ein Stein, der in einen Teich geworfen wird, erzeugt konzentrische Wellen, die sich auf der Oberfläche ausbreiten, und, je nach Entfernung, die Seerose und das Röhricht, das Papierschiffchen und die Pose des Anglers unterschiedlich stark in Bewegung versetzen. ... Nicht anders erzeugt ein zufällig ins Bewußtsein geworfenes Wort (ein Satz oder eine Geschichte, R.O.) Wellen an der Oberfläche und in der Tiefe, löst eine endlose Kettenreaktion aus und zieht fallend Töne und Bilder, Analogien und Erinnerungen, Bedeutungen und Träume in eine Bewegung hinein, welche die Erfahrung und das Gedächtnis, die Phantasie und das Unbewußte berührt und sich noch dadurch kompliziert, daß das Bewußtsein eben während des gesamten Vorgangs sich nicht passiv verhält, sondern beständig in ihn eingreift, um aufzunehmen und zurückzuweisen, zu verknüpfen und zu zensieren, aufzubauen und zu zerstören.«[16]

3 Worte, Sätze und Geschichten öffnen Assoziation, Imagination und Phantasie. Insofern sie sich auf religiös bedeutsame Inhalte beziehen, fordern sie die religiöse Einbildungskraft der Kinder heraus (☞ u.). Geschichten sprechen metaphorisch Wahrheiten aus, die anders nicht besser gesagt werden können. In ihrer Vieldeutigkeit sind sie offen für die persönlichen Erfahrungen und Vorstellungen ihrer Hörer und unterstützen die Kinder in ihrer eigenen »Theologie«.

»Kinder können Worte der Bibel direkt verstehen und auf sich beziehen. Sie müssen die Chance erhalten, in den Worten der Bibel etwas zu entdecken, was über das hinaus geht, das ich ihnen vermitteln kann.
Das Wort hat die Kraft, mir die Angst zu nehmen, die Dämonen zu vertreiben, die sich nachts auf die Brust setzen. Solche Worte geben mir wieder Luft zum Atmen. Aber dazu müssen sie die Chance haben, mir einzufallen.«[17]

4 In der direkten Konfrontation mit elementaren Sätzen der Bibel bringen die Kinder ihre Lebenserfahrungen mit den Grunderfahrungen früherer Menschen zusammen und kommen zu einem eigenem Verständnis der biblischen Überlieferung und ihrer selbst. So sind die Psalmworte Angebote in Form von »Sprachbildern«, sich selbst zu entdecken und darzustellen. Die Reich-Gottes-Sätze enthalten Hoffnungsperspektiven, die zu entdecken, sinnenhaft zu erfahren und selbst zum Ausdruck zu bringen, schon heute leben hilft.

5 Die Konfrontation und Auseinandersetzung mit Geschichten, Gedichten und Bibelworten erfährt im kreativen Schreiben eigener Texte eine Intensivierung. Im Erfinden und Erzählen von Geschichten, im Erweitern von Gedichten, im Schreiben eigener Worte in der Sprache der Bibel bringen Kinder verdeckt oder offen ihre Erfahrungen ein, bearbeiten Konflikte, nehmen ihre Wirklichkeit wahr und entwerfen Möglichkeiten der Veränderung, entdecken Handlungsmöglichkeiten und Lebensperspektiven, entwickeln ein ganzheitliches Verständnis metaphorischer Sprache.

Umgang mit Musik

A) Die Rückschau

1) Wahrnehmen und bedenken

- ☐ Klangbild zu »Stonehenge« (☞ Kap. 4)
- ☐ Stille Musik (»Silent Earth«) (☞ Kap. 5)
- ☐ Musik zur Phantasiereise: »Raupe – Puppe – Schmetterling« (☞ Kap. 7)
- ☐ Ganz Ohr sein: Musikhören und Reich-Gottes-Sätze (☞ Kap. 9)
- ☐ Hörbild zu »Himmel und Erde« (☞ Kap. 10, o.)
- ☐ Klangbild und Gottesbild (☞ Kap. 10, u.)

2) Gestalten und zum Ausdruck bringen:

- ☐ Lied: Du bist der »ICH-BIN-DA« (☞ Kap. 2)
- ☐ Klanggestaltung zu 1 Kön 19, 1-13a: Elija (☞ Kap. 2)
- ☐ Lied: Nimm dir Zeit (☞ Kap. 5)
- ☐ Lied: Zeit für Ruhe (☞ Kap. 5)
- ☐ Klanggestaltung zur Gottesvorstellung (☞ Kap. 10, u.)

»Musik ist Tonsprache. Diese Sprache läßt sich nicht adäquat in Worte fassen, dabei ginge ihre Mehrdeutigkeit verloren. Was die Tonsprache meint, ist zugleich intentional festgelegt und doch offen. Weil sie keine Eindeutigkeit ausdrückt, weist sie über alle Eindeutigkeit hinaus. Sie transzendiert die gebrochene, einfangbare Welt. Dem widerspricht ganz und gar nicht, daß sie nach häufig festgelegten und greifbaren Regeln in der Welt erdacht und gespielt wird. Allerdings bleibt uns die Eigenart ihrer Sprache trotz ›wissenschaftlicher und musikpsychologischer Anstrengungen verborgen‹, weil sie ahnend auf das hindurchhören läßt, was keines Menschen Ohr gehört hat.«[18]

Der in diesem Buch mehrfach angeregte Umgang mit instrumentaler Musik sei zunächst mit einem ungewöhnlichen Unterrichtsbeispiel, das das Fragen und Suchen nach Gott (☞ Kap. 2) durch das Zusammenbringen von Musik und Gottesbild weiterführt, dann mit Überlegungen zu Musikhören und religiösem Lernen als religionspädagogisch bedeutsam unterstrichen.[19]

B) Klangbilder und Gottesbilder

Können uns bei dem Fragen und Suchen nach Gott die Klangbilder der Musik helfen? Diese Frage beschäftigte uns in einer 3. Klasse. Wichtige Voraussetzungen waren dabei die einige Monate vorhergegangene analoge Übung mit Bildern (☞ Kap. 2) und der ausdrückliche Hinweis auf diese Übung mit der sprachlichen Brücke der Bezeichnung der Musik als »Klangbild« (☞ u.). Kriterium für die subjektive Auswahl der Musik – hier zur Anregung angegeben, mit dem Appell, eigene vertraute Musik auszusuchen – war neben Kontrast und Vielfalt (zeitgenössisch und klassisch, ruhig und lebhaft) ihr Vermögen, Gefühle widerzuspiegeln, Bilder zu wecken und somit Hören und Sehen entstehen zu lassen.

- Einstimmung: Musikstücke können sein wie Bilder – Musik ist eigentlich selbst ein Bild, ein »Klangbild« (TA) – wir können versuchen, es mit Worten zu beschreiben.
- Hören von sechs Musikstücken (Nummern 1-6 werden an der Tafel jeweils angezeigt), Schüler schreiben auf ein Arbeitsblatt (1-6 mit je 7 freien Schreiblinien) jeweils Wie-Wörter/Adjektive dazu auf,
  die ihnen zur Musik einfallen,
  die zur Musik passen,
  die die Musik beschreiben.

Musikbeispiele: Ausschnitt je 2 Min.

1 Johannes Wohlleben: In The Balance
   auf: Johannes Wohlleben: Swift (BIBER Nr. 66451)
2 Georg Friedrich Händel: Sonate in G-Moll, Larghetto
   auf: Michala Petri/Keith Jarrett: Händel Sonaten (RCA RD60441)
3 Trio Stendhal: Earthsound
   auf: Trio Stendhal: Earthsound (SENTEMO SNT 30191)
4 Giovanni Battista Pergolesi: Stabat Mater
   auf: The Academy of Ancient Music: Stabat Mater u.a. (DECCA 425 692-2)
5 Friedemann: The Eye Of The Dragonfly
   auf: Friedemann: Indian Summer (BIBER Nr. 66301)
6 Wolfgang Amadeus Mozart: Klarinettenkonzert KV 622, Adagio
   auf: Sabine Meyer u.a. / Staatskapelle Dresden (EMI CDC 7541382)

- erneutes Hören mit jeweiligem Leise-Blenden der Musik, während die Kinder ihre Adjektive vorlesen (Beispiele, s.u.).
- »Wir hatten gesagt, ein Musikstück ist so etwas wie ein Klangbild, und Bilder kann man beschreiben. Ihr habt zu verschiedenen Musikstücken Wie-Wörter aufgeschrieben. Nun wollen wir uns beim Hören fragen, ob die Klangbilder der Musik etwas zu tun haben mit der Vorstellung, die wir von Gott haben. Denkt zurück an die Stunde, in der ihr aus vielen Bildern eins ausgesucht und den anderen erzählt habt, warum dieses Bild etwas mit Gott zu tun hat oder was es von Gott zeigt. Wir wollen versuchen, ob das auch mit Klangbildern geht. Gleich hörst du die Musik ein drittes Mal. Dein Blatt mit den Wie-Wörtern liegt vor dir. Wenn ein Musikstück für dich etwas mit Gott zu tun hat, wenn es etwas von Gott zeigt, schreibe das unter deine Wie-Wörter. Vielleicht kannst du das nur bei einem Stück, vielleicht bei mehreren.«
- Hören der Stücke 1-3 – Vorlesen des Geschriebenen
- Hören der Stücke 4-6 – Vorlesen des Geschriebenen

Die folgenden Beispiele aus dem Unterricht (Adjektive und Sätze) führen mögliche Ergebnisse vor Augen:

zu 1:
traurig unsichtbar gut herrlich klangvoll schallend wunderbar aufregend spannend wunderschön riesig verlassen
- Das hört sich so an, als würde langsam die Welt entstehen und die Tiere, Pflanzen und Menschen wachsen.
- Gott schuf die Erde, die Menschen und die Tiere.
- Still dabeisein, wo Gott dabei ist.

zu 2:

traumhaft schön beruhigend leise traurig sonderbar schwierig verwundert
- [ ] Ein Prophet Gottes kommt, alles fängt an zu blühen.
- [ ] Gott holt die Toten zu sich in den Himmel.
- [ ] Es hört sich einsam an, aber Gott ist immer mit einem.
- [ ] Es hat mit Gott zu tun, weil es sich so leise und ruhig wie Frieden anhört.

zu 3:

ermutigend unheimlich aufregend schön rauh schnell hektisch munter freundlich hilfsbereit schmerzhaft
- [ ] Da ist ein Kind aus dem Fenster aus dem 6. Stock gesprungen und wie durch ein Wunder ist es lebendig aufgekommen.
- [ ] Als würden Menschen verfolgt und Gott hat ihnen zum Schluß geholfen, daß sie sich verstecken konnten.
- [ ] Gott läßt die Pflanzen blühen, Quellen sprießen und Kinder spielen.

zu 4:

sanft würdevoll traurig langsam erschöpft klar künstlerisch mutlos leise elegant
- [ ] Da ist einer gestorben.
- [ ] Ein Engel wird von Gott geschickt.
- [ ] Es hörte sich so an, als ob Gott über etwas nachdenkt.

zu 5:

flink rockig toll laut hektisch wild ringelnd cool flatternd spannend befreiend ängstlich schimmernd lustig schön
- [ ] Gott kommt aus dem Himmel und sieht sich die Erde an und tanzt dabei.
- [ ] Eine weite Wüste. Ein Reiter reitet durch die Wüste, alle Bäume fangen an zu sprießen, die Leute fragen sich, wer war das nur.
- [ ] Ich sehe ein Bild, wo Gott tanzt. Gott ist mit Rollschuhen in einer Disco.

zu 6:

romantisch wunderbar schön traurig langsam unendlich königlich erwartungsvoll golden entspannend endlos weit
- [ ] Hör nur, wie die Bäume im Wind rascheln.
- [ ] Es hört sich an, als ob alles blüht und die Sonne aufgeht.
- [ ] Es erscheint eine neue Welt, in der Gott bei uns lebt.

- [ ] Bedenken des Umgangs mit Klangbildern im Vergleich zum Umgang mit Bildern
»Ich finde es mit Klangbildern einfacher und besser, weil man da eigene Bilder macht.«
»Ich finde es gut, sonst hätte jeder dasselbe, so muß sich jeder seine eigene Vorstellung machen.«

Auf die Möglichkeiten einer weiterführenden Klanggestaltung zur eigenen Gottesvorstellung weise ich hier nur hin (etwa mit Orff-Instrumenten: Welches Instrument wähle ich? Wie gestalte ich die Musik?).

C) Musikhören im Religionsunterricht

Die zusammenfassenden Thesen zum Musikhören im Kontext religiösen Lernens[20] bewegen sich weitgehend auf Neuland und wollen ermutigen, Instrumentalmusik in die religionspädagogische Arbeit einzubeziehen.

1 Das Hören instrumentaler Musik kann das Kind für eine bewußte Wahrnehmung sensibilisieren, indem es Erfahrungen von Sammlung und Stille ermöglicht.

2 Das Hören instrumentaler Musik kann religiöse Lernprozesse – etwa ein ganzheitliches Verstehen religiöser Sprache – inspirieren, stimulieren und produktiv begleiten, indem es über ein affektives Musikerleben Symbolerfahrungen ermöglicht, transzendierende Erfahrungen, die über die Musik hinausgehen und die gemeinsam bewußt gemacht und bedacht werden können. In Analogie zum Wert von Bildern und Texten in religiösen Lernprozessen kann Musik als »Klangbild« bzw. als »Tonsprache« verstanden werden, die innere Bilder weckt, eine eigene Sprache finden hilft und die religiöse Vorstellungskraft herausfordert.

3 Der Umgang mit instrumentaler Musik muß in allen Phasen die Offenheit und Subjektivität der durch sie hervorgebrachten Bedeutungen und von daher ihren Angebotscharakter im Blick haben. Die Musik darf weder auf eine bestimmte Bedeutung hin verzweckt noch als schmückendes Beiwerk im Hintergrund mißbraucht werden. Die Veränderung der Lernprozesse durch die Musik muß möglich sein und mit den Kindern thematisiert werden.

4 Als unterrichtliche Wege des Umgangs mit Instrumentalmusik bieten sich assoziative Übungen, Phantasiereisen, ein Zusammenbringen von Musik und Text, Musik und Bild, ein eigenes Schreiben oder Malen zu Musik und vor allem das nachdenkliche Gespräch angesichts der Erfahrungen und Ergebnisse dieser Wege an.

Metaphorisches Verstehen und Sprechen im Religionsunterricht mit Kindern

> Ich bin überzeugt, daß Kinder immer mehr wissen, als sie sagen können;
> das ist der große Unterschied zwischen ihnen und uns Erwachsenen,
> die wir bestenfalls ein Hundertstel dessen wissen, was wir sagen.
> *Jacques Lusseyran*[21]

Der Anspruch, die großen Themen und die Kinder ernst zu nehmen, bringt hohe Anforderungen an die Kinder mit sich. So könnte man zu vielen in diesem Buch dokumentierten Kinderäußerungen in Sprache und Bild sagen, sie seien Resultat einer »Über-Forderung« von Kindern, gemessen an dem, was sie entwicklungspsychologisch eigentlich erst »können dürften«. Ich stehe zu dieser Forderung über scheinbare Grenzen hinweg, denn ich bin mit Gianni Rodari davon überzeugt, daß der Hang der Kinder auch heute fortbesteht, sich mit Fragen und Problemen zu messen, die *größer* sind als sie selbst, da das die einzige Möglichkeit für sie ist, *größer* zu werden.[22]

Die Frage nach Forderung und Überforderung der Kinder stellt sich religionspädagogisch besonders strittig hinsichtlich des Verstehens metaphorischer Sprache. Hier ist von Vertretern kognitiv-strukturgenetischer Forschung in der Tradition Piagets oft der Vorwurf der »Verfrühung« zu hören.[23] Die Möglichkeiten metaphorischen Verstehens und vor allem eigenen metaphorischen Ausdrucks schon bei Kindern des 2. bis 4. Schuljahres verdeutlichen konkret und ausführlich die themenbezogenen Beispiele in diesem Buch, besonders deutlich:

- ☐ die Psalmsätze der Kinder (☞ Kap. 6)
- ☐ ihre Strophen zum Gedicht »Jemand stirbt« (☞ Kap. 7)
- ☐ ihre Reich-Gottes-Sätze (☞ Kap. 9)
- ☐ ihre Umschreibungen ihres Himmels auf Erden (☞ Kap. 10)
- ☐ ihre Sätze zu Gott im Zusammenhang der Klangbilder (☞ Kap. 10)

- ☐ die Stille-Bilder der Kinder (☞ Kap. 2)
- ☐ ihre Passions- und Auferstehungsbilder (☞ Kap. 4)
- ☐ ihre Bilder zu den Psalmsätzen (☞ Kap. 6)
- ☐ ihre Bilder zu Sterben und Tod (☞ Kap. 7)
- ☐ ihre Bilder zu den Reich-Gottes-Sätzen (☞ Kap. 9)
- ☐ ihre Schöpfungsbilder (☞ Kap. 10)[24]

Es sind natürlich nicht immer alle Kinder, die ein Metaphernverständnis ausdrücklich zeigen, bzw. nicht jedes Kind äußert sich bei jeder Art von Ausdruck metaphorisch. Unbestritten ist auch, daß in diesem Alter ein wörtliches Verstehen vorkommt (deshalb auch empirisch nachgewiesen werden kann). Es gibt jedoch gleichzeitig und parallel, d.h. durchaus bei denselben

Kindern, außerordentliche Möglichkeiten des metaphorischen Verstehens und Ausdrucks – wenn man so sagen will: Ansätze einer »Zweiten Naivität« – und es wäre fatal, den Unterricht nur an den Möglichkeiten wörtlichen Verstehens auszurichten. Für uns ist der »goldene« Weg im Unterricht, ein wörtliches Verstehen immer gelten zu lassen, aber die Kinder immer auch zu metaphorischem Ausdruck herauszufordern, auch in dem Vertrauen darauf, daß die Kinder *voneinander* mehr lernen als *von uns* und sich so mit unserer Begleitung gegenseitig in ihrer religiösen Entwicklung unterstützen. Anders ausgedrückt: Eine entscheidende Aufgabe religiösen Lernens mit Kindern ist es, ihre Ansätze der »Zweiten Naivität« in der »Ersten Naivität« zu entdecken, zu provozieren und zu fördern und Wege metaphorischen Sprechens und Verstehens zu gehen.

Die von uns angeführten Beispiele beanspruchen weder Objektivität noch generelle Verallgemeinerung. Aber es sind authentische Äußerungen im Kontext religiöser Lernprozesse, und ich bin davon überzeugt, daß sie nicht nur auf die besonderen Fähigkeiten dieser Kinder zurückzuführen sind. Es sind Resultate einer anderen Art »empirischen« Erforschens des Lernens von Kindern. Diese anders verstandene Empirie sehe ich im Anschluß an Horst Rumpf in der Konsequenz einer Sichtweise von »Menschenlernen« und »Weltaneignung« im Bild der Vergegenwärtigung und Einwurzelung, die sich unterscheidet von der Sichtweise eines Lernens im Bild der Beherrschung und Verfügung[25]:

»Es handelt sich um eine andere anthropologisch verwurzelte Art der Durchdringung der Erfahrungen. Ein anderes Verhältnis zur Zeit, zu den Dingen der Erfahrung, zu möglichen Gesprächspartnern, zur Sprache, zu Phantasien und Ideen wird da geübt. Wir müssen wohl mit beiden Arten umgehen lernen, statt die eine vom anderen aufschlucken zu lassen. Dem unterschiedlichen Grundbild von Weltaneignung entsprechen andere *Denkbilder*, also sogenannte Theorien vom Lernen; und andere Verfahren zur Ausforschung dieses Lernens. Hier liegt m.E. der letzte Grund dafür, daß Martin Wagenschein das Aufschreiben und das Deuten von Geschichten und Gesprächen als seine Art von Empirie handhabt. Die Unterscheidung von ›weichen‹ und ›harten‹ Arten von Forschung trifft nicht den Punkt. Subjektneutrale, sinneutrale und szenenneutrale Datenerhebung hat ein anderes Interesse, präpariert sich eine andere Realität, als sie die Aufmerksamkeit für Kinder und Laien in bestimmten Situationen, in nicht experimentell isolierten Szenen, in der Konfrontation mit bestimmten Widerfahrnissen, sich zugänglich macht. Geschichten von handelnden, denkenden Menschen, die sich in prüfenden, nachdenklichen Gesprächen ihren Vers auf die Welt zu machen versuchen, sind für jede Menschenforschung, die die Subjektivität und ihre Sinnentwürfe nicht unter den Tisch fallen lassen will, ... die angemessene (keine ›weiche‹) Art der Empirie«[26].

Im vergegenwärtigenden und einwurzelnden religiösen Lernen sowie im tastenden und umkreisenden religiösen Verstehen sehe ich wesentliche Zukunftschancen des Religionsunterrichts. Rumpfs Worte verstehe ich zudem als Ermutigung und Aufforderung für LehrerInnen, im Zusammentragen und Interpretieren von Kinderäußerungen, Kindertexten und Kinderbildern – am besten mit den Kindern – eine eigene, zur wissenschaftlichen Forschung gleichwertige Art von Empirie zu praktizieren, die zugleich ihren Unterricht bereichert und den kritischen Dialog mit der didaktischen Theoriebildung in der Religionspädagogik fördert.

Der theologische Rang des religiösen Lernens mit Kindern

Sowohl die unterrichtlichen Konkretionen als auch die didaktischen Reflexionen dieses Buches wollen deutlich machen: Der hier der Kinder und der »großen Themen« wegen angelegte Anspruch im Umgang mit Bild, Text und Musik weist den jeweils eingebrachten Unterrichtselementen mehr als eine methodische Funktion zum Zweck der Erreichung vorher festgelegter Vermittlungsinhalte zu. Es zeigt sich, daß es im Rahmen von religiösen Lernprozessen die Inhalte »an sich« – sozusagen klinisch rein – nicht gibt. Die Inhalte »sickern« nicht über Unterrichtsmedien in den Menschen ein. Bilder, Texte und Musik stellen vielmehr Kontexte bereit, regen an zur Auseinandersetzung mit religiösen Fragen und Vorstellungen im Betrachten, Hören und Lesen, in der eigenen bildnerischen, musischen und sprachlichen Gestaltung, im Dialog mit den anderen und provozieren ein Zusammenbringen mit und von eigenen Erfahrungen und theologischen Fragestellungen. So vollziehen sich religiöse Lernprozesse bzw. eine Kommunikation auf Glauben hin mit offenem Ausgang.[27]

Der Religionsunterricht, wie er hier beschrieben und angeregt wird, versteht sich als Bekräftigung und bescheidener Schritt einer praktischen Umsetzung von Jürgen Werbicks Einforderung des »theologischen Ranges des Didaktischen«, der mit der Unablösbarkeit der theologischen Reflexion von »alltäglichen« Kommunikationsprozessen gegeben ist. Der Religionsdidaktik geht es um mehr als um die Optimierung von Strategien der Vermittlung von Inhalten, die die Dogmatik vorgibt. Ihr Ziel sollten m.E. offene religiöse Lernprozesse[28] sein, in denen von den Kindern mehr erwartet wird, als der Religionslehrer und die Glaubensinhalte »an sich« ihnen vermitteln können.

Viele der in diesem Buch beschriebenen und angeregten Prozesse religiösen Lernens lassen sich als Versuche der »Entwicklung der religiösen Einbildungskraft« (Imagination) lesen. Hierin sehe ich einen unverzichtbaren Bestandteil wirklichkeitshaltiger Lernprozesse auf Glauben hin, den Lothar Kuld im Anschluß an J.H. Newman herausstellt.[29]

Newman unterstreicht bereits im 19. Jahrhundert die Bedeutung der religiösen Einbildungskraft für die Erfassung religiöser Symbole und für den Aufbau einer lebendigen Gottesbeziehung. In der Wahrnehmung innerer Erfahrungen, in der Sensibilisierung für Gefühle wie Verantwortung, Erschrecken, Bestätigung und Freude, in der Vergegenwärtigung (Meditation) der Bilder, die der Einbildungskraft in diesen Emotionen aufgehen, sieht er Wege religiösen Lernens, noch bevor das Wort Gott ausdrücklich genannt wird.[30]

Bezogen auf unseren Unterricht: Das durch ein Exemplar aus der Bildersammlung, durch eine Geschichte, durch ein Psalm- oder Reich-Gottes-Wort oder durch Instrumentalmusik imaginierte Bild kann zum Medium der Wirklichkeit Gottes werden. Aus dieser Art religiösen Lernens mit Kindern ergeben sich Anfragen an die Theologie:

Auch »wenn ein Kind von wissenschaftlicher Logik nichts weiß und wenn es von den Erwachsenen in dem, was es sagt, oft nicht verstanden wird, noch versteht, was die besser wissenden Erwachsenen ihm als ›richtig‹ beibringen wollen, so erfaßt es mit Hilfe seiner Imagination, seiner Einbildungskraft, doch mehr, als es sagen kann. … Was wir bräuchten, wäre eine ›Theologie der religiösen Einbildungskraft‹ (Newman), die das Denken in Bildern zu ihrer Methode gemacht hat und daher dem Kind näher ist als das Kind dem Erwachsenen. In dieser Theologie geschulte Pädagogen würden ihre Aufmerksamkeit nicht so sehr aufs Verbale, auf Formulierungen, sondern auf die Richtung, in die eine Vorstellung geht, richten.«[31]

Inwieweit ist die Theologie von einem Denken in Bildern statt in Begriffen geprägt? Nimmt sie gar das Denken in Bildern von Kindern zur eigenen Infragestellung wahr? Läßt sie sich ermutigen von der Kraft der phantasievollen Vorstellung und Einbildung?

Es wird deutlich: Das Prinzip, die Kinder wie die großen Themen ernst zu nehmen, führt zu kritischen Rückfragen sowohl an die Forschung zur religiösen Entwicklung von Kindern als auch an die Theologie, hoffentlich auch zu gegenseitiger Bereicherung im Dialog!

Für ein offenes religiöses Lernen mit Kindern

Die zum Ausklang zusammengefaßten Aspekte einer Praxis offenen religiösen Lernens sind zugleich als wünschenswerte Haltungen der Unterrichtenden und als anzustrebende Qualifikationen der Kinder bedeutsam für einen zukunftsfähigen Religionsunterricht wie auch für den gesamten Bildungs- und Erziehungsauftrag der Schule.

Wahrnehmen – Staunen

Religiöses Lernen ist zuallererst und ohne Ende um eine sensible Wahrnehmung der sichtbaren und unsichtbaren Wirklichkeit bemüht. Aufmerksames Sehen und Hören, aber auch Tasten, Riechen und Schmecken, Staunen über das Außerordentliche und das scheinbar Selbstverständliche sind nicht nur Voraussetzungen, sondern bereits Praxis religiösen Lernens. Wer staunend wahrnimmt, macht mit sich und der Welt Erfahrungen von Fremdheit und Vertrautheit, von Überwältigtsein, Angezogen- und Erschrockensein. Diese emotionale Qualität des Geheimnisvoll-Fremden gilt es auch in der notwendigen gedanklichen Auseinandersetzung zu bewahren.

Fragen – Suchen – Weiterfragen

Das Fragen begleitet religiöse Verstehensprozesse von Anfang an und kommt bei den »großen« Fragen auch durch Antworten nicht zum Ende. Das Hinterfragen der Wahrnehmung und der Antworten zu wagen, das Fragen nicht zu verlernen, die richtigen Fragen zu stellen, sind Basisziele religiösen Lernens.

Assoziieren – Zusammenbringen

Offene religiöse Lernprozesse entwickeln sich häufig aus der freien und spontanen Assoziation zum Wahrgenommenen. Was wird unmittelbar mit dem Bild, der Geschichte oder der Musik – mit dem dahinterstehenden (religiösen) Inhalt – zusammengebracht? Was zeigt sich in diesem Zusammenbringen für mich und die anderen? Welche neue Perspektiven ergeben sich durch unser aller Gedanken und Empfindungen?

Sich-Einfühlen – Identifizieren

Wege intensiven Mitgehens und Nachempfindens, etwa beim Sehen eines Bildes, beim Hören einer Geschichte oder eines Musikstücks, sind Bestandteile einer ganzheitlichen Auseinandersetzung in religiösen Lernprozessen. In ihnen vollzieht sich ein intuitives Verstehen oft über die Verbalisierungsmöglichkeiten der Kinder hinaus.

Sich-Einbilden – Sich-Vorstellen

Die kindliche Einbildungs- und Vorstellungskraft sehe ich als unerschöpfliche Quelle religiösen Lernens. Indem etwa Gottesvorstellungen bewußt gemacht, ausgetauscht und von jeder und jedem einzelnen für sich erweitert werden, vollzieht sich eine am Subjekt orientierte religiöse Entwicklung. Indem die Phantasie zur Lösung ethischer Fragen geweckt wird, eröffnen sich Perspektiven für ein Leben in größerer Gerechtigkeit.

Gestalten – Sich-Ausdrücken

Ein offenes Konzept religiösen Lernens ermöglicht den Kindern, in vielfältigen Ausdrucksformen – im eigenen Bild, im Schreiben, im Darstellen – sich und andere zu erfahren, einander mitzuteilen und auszutauschen und fördert so die religiöse Sprachfähigkeit sowie die Fähigkeit zur Darstellung der eigenen Identität.

Nachdenken – Miteinander-Sprechen – Verstehen

Notwendigerweise gehört die kritische Reflexion und Bearbeitung des Assoziierten, Erlebten, Vorgestellten und zum Ausdruck Gebrachten im gemeinsamen Gespräch zu einem offenen Lernen, das die Förderung religiösen Erfahrens und Verstehens, die Begleitung in der religiösen Entwicklung und die Erweiterung der religiösen Kompetenz anstrebt.

In diesem Sinne plädiere ich für ein zeitgemäßes Lernen im Religionsunterricht, das

- das Fragen der Kinder wahrnimmt und kultiviert,
- nicht das Bescheidwissen, sondern Vergegenwärtigung, Nachdenklichkeit und Weiterfragen zum vorrangigen Ziel erklärt,
- nicht die Beherrschung und Einordnung von Wissen anstrebt, sondern die Intensivierung von Wahrnehmung, Erfahrungen und Gedanken und auf diesem Weg die Einwurzelung in die Lebenswelt,
- von Langsamkeit als zeitbezogener Gelassenheit sowie von Vieldeutigkeit als inhaltsbezogener Gelassenheit geprägt ist und so weite Räume für die menschliche Entwicklung öffnet.[32]

Gelingt ein solches Lernen, so kann der Religionsunterricht – verstanden als Schulung sinnlicher Wahrnehmung, als Förderung religiösen Fragens, als Begleitung religiöser Entwicklung, als Unterricht in religiöser Sprache und als Prozeß offenen Lernens –

- den Kindern zum guten Ort werden für Angst, Ratlosigkeit und Klage, für Sehnsucht, Hoffnung und Glück, zum »Asyl-Ort für die großen Fragen, für die großen Zusammenhänge«,
- einen Frage-Raum eröffnen, »worin Gott als der umfassend heilvolle Kontext aller Fraglichkeit erfragt und in seinem Gottsein wenigstens anfänglich verstanden werden kann.«[33]

Die letzten Worte jedoch sollen einem Kind gehören. Am Ende des 3. Schuljahres baten wir die Kinder, sich eine Geschichte von Jesus auszudenken und aufzuschreiben, die sich wirklich damals hätte ereignen können, und sie so zu schreiben, daß niemand merkt, daß sie nicht in der Bibel steht. Es waren dieselben Kinder, die mit uns dem Reich Gottes auf der Spur waren und mit Impulsen von Bildern, Gedichten und Musik den Vorstellungen von Himmel und Erde nachgegangen waren. Die außergewöhnliche Geschichte eines Jungen erscheint uns wie ein Nachhall dieses Unterrichts und bezeugt ein letztes Mal, wie bereichernd es ist, von und mit Kindern zu lernen.

Einmal sagten die Jünger zu Jesus: „Jesus, du hast viel von Gott erzählt, erzähle uns einmal von dem Himmelreich." Da erzählte Jesus: „Es war einmal eine Mutter, die hatte großen Kummer. Ihr dreijähriger Sohn hatte eine schwere Grippe und der Arzt befürchtete daß das Kind sterben müsse. Aber die Mutter versorgte und pflegte das Kind, auch wenn sie wußte daß es bald sterben würde. Doch sie gab nicht auf. Die letzten Tage seines Lebens sollte der Junge so schön wie möglich haben. Doch eines Tages sagte der Arzt daß es dem Jungen wieder viel besser ging und zwei Wochen später war er wieder ganz gesund. Diese Geschichte habe ich euch erzählt, weil ich will daß ihr merkt daß die Liebe stärker als der Tod ist." Damit endete Jesus die Geschichte und alle verstanden daß, wenn sich eine Mutter so um ihr Kind sorgt daß das wirklich wie im Himmelreich ist.

Anmerkungen

Die hier nur mit Autor/in und Jahreszahl angegebenen Bücher sind vollständig im Literaturverzeichnis aufgeführt.

Vorwort

1 Die Kinderäußerungen sind jeweils vor dem Hintergrund unseres gesamten Religionsunterrichts zu sehen, der hier zwar nicht für die einzelne Klasse entfaltet werden kann, von dem aber durch die Gesamtdarstellung ein Eindruck entsteht. Benannt wird hier nicht die jeweilige Klasse, sondern lediglich das Schuljahr, in dem sich die Kinder gerade befanden.

1. Die Kinder und die großen Themen ernst nehmen
Voraussetzungen eines zukunftsfähigen Religionsunterrichts mit Kindern

1 Andresen, 1985, 130ff.
2 Ein eindrucksvolles Beispiel der Unterschätzung von Kindern und der Unterdrückung kindlicher Motivation durch ein »kindgemäßes« religionspädagogisches Medium (K. de Kort: Der verlorene Sohn – ein Klassiker!) zeigt M. Schultz, 1989. Einen pädagogisch motivierten »ernsthaften« Umgang mit Kindern praktiziert U. Andresen in ihren Gesprächen zu Gedichten, 1992. Zum Verständnis von Kindgemäßheit s. Halbfas, 1989, S. 305-337.
3 Vgl. hierzu auch Oberthür: Religion mit Kindern. Für einen kindergerechten Religionsunterricht in der Grundschule, in: Hilger/Reilly, 1993, S. 287-296.
4 D. Boublil/L. Gerritsen, Text eines Liedes des Liedermachers Herman van Veen, in: Van Veen, Herman: Und er geht und er singt, Hamburg/Zürich 1985, S. 36f.
5 Fried, Erich: Gesammelte Werke. Gedichte 2, Berlin 1993, S. 522. Auch in einer Zusammenstellung mit »Kindergedichten« von Fried, 1990, S. 12.
6 Vgl. die Untersuchungen von Ritz-Fröhlich, 1991 und 1992 (Anregungen zum Fried-Gedicht, S. 93f); s. auch Popp, 1989, Rauschenberger, 1985, und Rumpf, 1986, bes. S. 23-44.
7 S. Ritz-Fröhlich, 1992, bes. S. 21-39 und 94f; Freese 1989.
8 In diesem Zusammenhang sei auf die bereits in den 60er Jahren geschriebene »Theologie der Frage« von Bastian, 1969, hingewiesen.
9 Rumpf, 1986, S. 38.
10 Religionspädagogisch bedeutsame Anregungen bei Freese, 1989, Matthews, 1989 und 1991, Zoller, 1991, Martens, 1990, Martens/Schreier, 1994, Schreier, 1993b, Brüning, 1990 und Reed, 1990; s. hierzu auch Oberthür, 1992 und ders.: »Wieso heißt Gott Gott?« Philosophieren mit Kindern im Religionsunterricht, in: Schweitzer/Faust-Siehl, 1994, S. 229-238.
11 Zur Rolle des Religionslehrers s. Werbick, 1989, S. 236ff; ders., 1993, S.457ff.
12 Erinnerung aus einem Vortrag von M. Fölling-Albers zur veränderten Kindheit heute.
13 Faust-Siehl u.a. (Hrsg.) 1990, S. 9.

14 Zu Aspekten des Meta-Unterrichts s. Hilger, 1980.

15 S. die direkten Kinderfragen an Gott in Boßmann u.a., 1984; aufschlußreiche Gespräche zur Gottesfrage finden sich auch bei Coles, 1992.

16 Vgl. S. Nipkow, 1988, S. 43-92, auf Basis von Texten Jugendlicher, gesammelt von R. Schuster: Was sie glauben, Stuttgart 1984.

17 Zur Glaubwürdigkeit des Glaubens in Grundschul-Religionsbüchern s. Zirker, 1986.

18 Nipkow: Religion in Kindheit und Jugendalter. Forschungsperspektiven und -ergebnisse unter religionspädagogischen Interessen, in: Hilger/Reilly, 1993, S. 211; K.E. Nipkow fordert das bezogen auf die Sekundarstufe.

19 S. den an den Beispielen Psalmen und Reich Gottes ausgeführten elementaren Ansatz von I. Baldermann, 1986 und 1991.

20 Vgl. Halbfas, 1989, S. 70f, ders., 1992, S. 98-101; s. auch Werbick, 1993, S. 463f.

21 Niehl: Das offene Land vermessen. Über die innere Form des Religionsunterrichts, in: IIilger/Reilly, 1993, S. 96.

2. Gott in Frage stellen – Gott in Bildern suchen – Gott zur Sprache bringen
Eigene Zugänge und Unterrichtswege zur Gottesfrage

1 S. z.B. in Exodus. Religionsunterricht 3. Schuljahr, Neuausgabe, München 1984, S. 39.

2 Richter, 1985, S. 8, 9, 11 und 17f.

3 S. z.B. Moser, 1976; Scherf, 1984.

4 S. z.B. Grom, 1981, bes. S. 150ff; Schweitzer, 1987, bes. S. 13ff; Ringele, 1984; Oberthür, 1986.

5 Vgl. Grom, 1981, S. 15-40; s. Oberthür, 1986, bes. S. 16-20.

6 Zur Mißverständlichkeit der Metapher »Glaubens-Weitergabe« s. Werbick, 1993, S. 460.

7 Kilian, 1987, S. 76-69.

8 S. hierzu ausführlicher Oberthür, in: Schweitzer/Faust-Siehl, 1994, S. 233-236.

9 Auer, in: Gelberg, 1989, S. 95.

10 Bichsel, 1983, S. 18-27, abgedruckt in vielen Lesebüchern.

11 Von mir veränderte Fassung in Anlehnung an: I. Shah: Das Geheimnis der Derwische. Geschichten der Sufimeister, Freiburg 1982, 116f.

12 Vgl. Lionni, Leo: Fisch ist Fisch, Köln 1970.

13 Vgl. Zirker, 1986, S. 78f.

14 Zu den folgenden Ausführungen vgl. Werbick, 1989, S. 17-42.

15 Werbick, 1989, S. 29.

16 Lipman/Sharp, 1986, S. 56.

17 Werbick, 1992, S. 66; zum folgenden vgl. ebd., S. 59-78; Ricoeur, P./Jüngel, E.: Metapher. Zur Hermeneutik religiöser Sprache (Sonderheft »Evangelische Theologie«), München 1974.

18 Werbick, 1992, S. 73.

19 Text von Rolf Krenzer, Musik von Ludger Edelkötter, in: Krombusch/Edelkötter, 1989, S. 45.

20 Abgebildet z.B. in Halbfas, Religionsbuch 2, 1984, S. 29.

21 Als Bildquellen seien genannt: Fotokopien aus Religionsbüchern und Schwarz/Weiß-Fotomappen (s. religionspäd. Medienstellen); Fotoabzüge von Dias aus den beiden Reihen: Gottesbilder in der Kunst: Das jüdisch-christliche Zeugnis / Gottesvorstellungen bei Kindern und Jugendlichen (Reihe: Die Frage nach Gott, hrsg. von H. Lang). Der Aufbau einer eigenen Bildsammlung ist auch für andere Themen des Religionsunterrichts lohnenswert. Empfohlen sei hier eine Auswahl aus der »OH-Bildkartei« (OH. Bilder und Worte für Assoziation und Kommunikation mit Phantasie und Herz:

kommunikatives Karten-Spiel, bestehend aus 88 Bildkarten und 88 Wortkarten, Informationen bei OH, Postfach 1251, Kirchzarten), s.a. Kap. 8 und 9.

3. Ich bin und weiß nicht wer ...
Ich-Fremdheit und Ich-Stärkung – Nachdenken und Staunen über sich selbst

1 Mario Hené: Unter der gleichen Sonne (Metronome GmbH Nr. 0060.134).
2 S. hierzu auch Oberthür, 1992, S. 787ff.
3 Vgl. zum folgenden Erikson, Erik H.: Identität und Lebenszyklus, Frankfurt 1973, S. 55-114, bes. S. 98; s. auch Schweitzer, 1987, S. 71-91.
4 Wietig, in: Gelberg, 1971, S. 333-337 (gekürzt und leicht verändert).
5 Auer, in: Gelberg, 1989, S. 64.
6 Rumpf, 1986 und 1987, bes. 151ff.
7 Atemberaubende Auseinandersetzungen über das Geheimnis des Universums zwischen dem christlichen Philosophen Jean Guitton und den Physikern G. und I. Bogdanov finden sich in Guitton, 1993.
8 Kilian, 1987, S. 107-109.
9 Spohn, Jürgen: Drunter & Drüber. Verse zum Vorsagen Nachsagen Weitersagen, München 1980, S. 92.
10 Aliki: Gefühle sind wie Farben, Weinheim/Basel [4]1991.
11 Snunit, Michael/Golomb, Na'ama: Der Seelenvogel, Hamburg [2]1992.
12 Spier, Peter: Menschen, Stuttgart 1981.
13 Härtling, Peter: Die kleine Welle. Vier Geschichten zur Schöpfungsgeschichte, Stuttgart 1987, S. 31.
14 Hier aus: Halbfas, 1972, S. 66.

4. »Du bist wie die Sonne«
Eine Unterrichtsreihe zum Symbol »Sonne« im Christentum und in anderen Religionen

1 S. die Grundschulbücher und Lehrerhandbücher von Halbfas, jeweils 1983-1986, ders., 1982 und bes. 1989, S. 15-76.
2 Vgl. Halbfas 1989, S. 64-76.
3 Als unsere Hauptquelle seien hier neben dem Religionsbuch 2 (1984, vor allem S. 21-33 und 63-72) und dem Lehrerhandbuch 2 (1984, S. 415-441 und 447-473) von Halbfas das faszinierende Werk »Die Sonne. Licht und Leben« (hrsg. von J.Jobé, 1975) genannt, eine Fundgrube an Bildmaterialien mit Aufsätzen u.a. zum religionsgeschichtlichen Hintergrund und zur Sonne in Kinderzeichnungen.
4 Zusammengestellt mit Informationen aus E. Übelacker: Die Sonne, Nürnberg 1984 (Was-ist-was-Reihe, Bd. 76).
5 Vergrößerungen der Sonnen-Signets auf den Textseiten von Jobé, 1975.
6 Zu Stonehenge vgl. Halbfas, Lehrerhandbuch 2, 1984, S. 425-427, zur Erzählung s. ebd., S. 428-430.
7 Die von uns abfotografierten Bilder zur Erzählung und zum Hörbild stammen vor allem aus dem Time-Life-Buch: Mystische Stätten, Amsterdam 1988, S. 68-102; s.a. Religionsbuch 2, S. 63 bzw. (dasselbe Bild) aus Jobé, 1975, S. 37.
8 Hans und Annet Visser, Europa (CBS Nr. 4658982), programmatische Instrumentalstücke zu 12 Ländern Europas.
9 Vgl. Halbfas, Lehrerhandbuch 2, 1984, S. 433-437, zu Echnaton s. ebd., S. 431-433.

10 Gezeichnete Bilder in Macauly, 1977, wo der Bau einer gotischen Kathedrale faszinierend dargestellt wird (Analogie zur Stonehenge-Erzählung), Dias in forum religion medienservice, Goldmann, Chr./Eitz, A.: Eine gotische Kathedrale – erlebt. 12 Dias zu Unterrichtsideen Sek I/II in Heft 4/1985, München/Offenbach 1985.

11 S. hierzu Halbfas, Lehrerhandbuch 2, 1984, S. 271f, Abbildung im Religionsbuch 2, S. 33.

12 S. Jobé, 1975, S. 81, vgl. auch Halbfas, Lehrerhandbuch 2, 1984, S. 462f.

13 Ruhige Gitarrenmusik der Pat Metheny Group: Farmer's Trust (6:27), und Travels (5:04) von der Doppel-Lp Travels (ECM Nr. 1252/53); If I Could (6:54) von der LP First Circle (ECM Nr. 1278); September Fifteenth (7:44) von der LP As Falls Wichita (ECM Nr. 1-1190).

14 Weitere Malvorlagen z.B. in: Dörig, Bruno: Schenk dir ein Mandala! Bilder der Mitte zum Anschauen und Ausmalen, Eschbach 1988.

15 S. Weth, 1988, S. 231-247, Nr. 36-45.

16 Exemplarische Auferstehungsbilder aus der christlichen Ikonographie:
– Die Engel am Grab (biblischer Befund ohne Auferstehung im Bild)
– Auferstehung Christi (der Vorgang im Bild)
– Die Auferstehung (Isenheimer Altar, Entmaterialisierung des Geschehens);
vgl. die Bilder im Religionsbuch 4, S. 50f, Interpretationen von Halbfas im Lehrerhandbuch 4, S. 328ff und Dias dieser Bilder (auch Manessier, Auferstehung) in: Halbfas, H. (Hrsg.): Religionsunterricht in der Grundschule. 32 Dias zu den Religionsbüchern 3 und 4, Düsseldorf 1986.

17 Dias aus dem Tonbild, bearbeitet von Grözinger, I.: Ostern. Die Symbolik des Alfred Manessier, Witten o.J. .

18 S. Werbick, 1988, S. 82-99 und ders., 1989, bes. S. 198-249.

5. Alles hat seine Zeit
Zeit und Stille zulassen, erfahren und bedenken

1 Wölfel, Ursula: Achtundzwanzig Lachgeschichten, Düsseldorf 1969, S. 22.

2 Vgl. Hilger: Für eine religionspädagogische Entdeckung der Langsamkeit, in: Hilger/Reilly, 1993, S. 261-279.

3 Eigene Erzählfassung, die beiden Geschichten eignen sich als Einstieg in die Zeitthematik mit Kindern.

4 Vgl. zum folgenden Zeiher, Helga: Über den Umgang mit der Zeit bei Kindern, in: Fölling-Albers, 1989, S. 103-113.

5 S. das Titelbild von Grundschule H. 5, 21 (1989).

6 Vorschläge z.T. aus: Sievers, Eberhard: Religionsunterricht im 3. Schuljahr, Stuttgart u.a. 1985, S. 178-181.

7 Zitiert aus Freese, 1989, S. 138.

8 S. Guitton, 1993, bes. S. 137-149.

9 Kilian, 1986, S. 116-118.

10 Z.B.: – Schweiggert, Alfons: Mein Vater zeigt mir die Zeit, in: Gelberg, Hans-Joachim: Wie man Berge versetzt, Weinheim 1981, S. 77-79
– Wendt, Irmela: Tik tak, in: Halbfas, 1972, S. 88
– Ende, Michael: Momo, Stuttgart [13]1973, bes S. 15f (Wie Momo zuhören kann), S. 35-37 (Beppo Straßenkehrer: die Arbeit mit viel Zeit richtig tun) und S. 57ff (Friseur Fusi will Zeit sparen).

11 Vgl. zum folgenden Grabner-Haider, 1983, S. 1253f.

12 Vgl. Bühlmann, Walter/Merz, Vreni: Kohelet – der Prediger, Luzern/Stuttgart 1988, S. 17f; zu den folgenden Praxisanregungen vgl. ebd., S. 35f.

13 Text und Musik W. R. Ritter, in: Hojenski, C./Hübner, B./Hundrup, R./Meyer, M. (Hrsg.): Meine Seele sieht das Land der Freiheit. Feministische Liturgien – Modelle für die Praxis, Münster 1990, S. 135 und 264.

14 Zur Stilledidaktik seien neben dem Unterrichtswerk von Hubertus Halbfas besonders empfohlen: Faust-Siehl, 1990, Maschwitz, 1993 und 1995, Burk, 1984, Krombusch 1989 und E.-M. Bauer: Die Übung der Stille – Wege zu einer kindgemäßen Spiritualität in der Schule, in: Schweitzer/Faust-Siehl, 1994, S. 205-214.

15 Manz, 1991, S. 181.

16 Krombusch/Edelkötter, 1989, S. 59.

17 Zen-Geschichte, erzählt in Anlehnung an Halbfas, 1983, S. 315.

18 Lipman, 1986, S. 32 (leicht bearbeitet).

19 Hilger, 1993, S. 270.

6. In Bildworten der Bibel sich selbst entdecken
Umgang mit einer »Psalmwort-Kartei« in Religionsunterricht und freier Arbeit

1 Dieses Kapitel ist eine erweiterte Fassung meines Artikels: In Sprachbildern der Bibel sich selbst entdecken. Umgang mit einer »Psalmwort-Kartei« in Religionsunterricht und Phasen freier Arbeit, in: ru 23 (2/1993), S. 75-79. Die Materialien sind in überarbeiteter und ergänzter Ausführung veröffentlicht (Informationen bei Agentur Dieck, Richard-Wagner- Str. 1, 52525 Heinsberg): Oberthür, Rainer/Mayer, Alois: Psalmwort-Kartei. In Bildworten der Bibel sich selbst entdecken. Freiarbeitsmaterialien mit Begleitheft und Kopiervorlagen, Heinsberg 1995.

2 Vgl. Baldermann, 1986; s. auch das Medienpaket: ders./A. Heide, 1991; eine Weiterführung dieses Ansatzes bzgl. neuer Zugänge zu Jesus in: Baldermann, 1991.

3 S. das auf Erwachsene bezogene Buch von Baldermann, 1990.

4 Zu verschiedenen Psalmenübersetzungen, s. ebd., S. 79-86.

5 Vgl. Gerstenberger u.a., 1989.

6 Fotos von Gabriele Lorenzer, in: Tausch, Anne-Marie u.a.: Weinen, Wüten, Lachen. Sechs Menschen zeigen, was sie fühlen, Ravensburg 1975.

7 S. hierzu die Religionspäd. Arbeitshilfe des Katechetischen Instituts des Bistums Aachen Nr. 57 »Loben heißt mit Freude sprechen. Psalm 104 mit Kindern entdecken« von Manuela Thies, S. 32-38.

8 Zur Position von Halbfas s. z.B.: 1982, S. 44ff; ders.: 1989, S. 330, Anm. 51; zur Position Buchers s. z.B.: 1990, bes. S. 219-296 u. S. 369ff.

9 Vgl. Buchers Plädoyer für die Erste Naivität: 1989, S. 654-662, und Reaktionen auf diesen Aufsatz von B. Grom, in: KatBl 114 (1989), S. 79-793, F. Oser, H. Reich, L. Kuld, K. Wegenast und R. Oberthür, in: KatBl 115 (1990), S. 170-190.

10 Vgl. Oberthür, 1990.

11 Vgl. Rumpf, 1987, S. 12.

12 Baldermann: Wie Kinder sich selbst in den Psalmen finden, in: Schweitzer/Faust-Siehl, 1994, S. 189.

13 S. Menke, 1992; Berg, 1994; Dietlind Fischer: Freiarbeit im Religionsunterricht, in: Schweitzer/Faust-Siehl, 1994, S. 292- 300.

7. »Wo kommen wir hin, wenn wir tot sind?«
Mit Kindern über Tod und Auferstehung sprechen

1 Kinder auf solche »verborgenen Interpretationen« bei der gemeinsamen Betrachtung von Unterrichtsergebnissen aufmerksam zu machen, birgt ungeheuere Chancen für das Unterrichtsgespräch. Selbst wenn so eine Interpretation für das Kind neu ist, wundert und freut es sich über die neue Sichtweise, und es entstehen Anknüpfungspunkte für das Gespräch mit allen.

2 Als weiterführende Literatur s. z.B. allgemein pädagogisch-psychologisch Brocher, 1985, und religionspädagogisch-theologisch Sauer, 1986.

3 Hinweise zum »Tod« in der Kinderliteratur in: Rabl, 1982, S. 202- 226, Bodarwé, 1989.

4 Oyen/Kaldhol, 1988, Deutscher Jugendliteraturpreis 1988; die Bilder sind mit Begleitheft von M. Hermann in einer empfehlenswerten Dia-Reihe erschienen, Stuttgart 1989.

5 Oyen/Kaldhol, 1988, S. 14, 26-28.

6 Eine solche offene Geschichte ist mir für Gespräche mit Kindern wertvoller als eine zwar einfühlsam erzählte, aber zu sehr didaktisierte, auf Vermittlung der Inhalte der christlichen Botschaft ausgerichtete Erzählung wie z.B. von Regine Schindler: Pele und das neue Leben. Eine Geschichte von Tod und Leben, Lahr [6]1990.

7 Dieses Motiv bestimmt auch die wunderbare Erzählung von Roberto Piumini mit Bildern von Quint Buchholz: Matti und der Großvater, München/Wien 1994, die als Ergänzung oder Alternative zur Geschichte von Rune zu empfehlen ist.

8 Vgl. Brocher, 1985, S. 14-26, und die Farbbilder I-VIII.

9 Kessler, 1985, S. 277.

10 Vgl. ebd., S. 108-135.

11 Ebd., S. 283, vgl. insgesamt S. 276-283.

12 Eigene Erzählfassung nach einem Motiv in Carl Zuckmayers Drama »Rattenfänger« (Stücke IV, Frankfurt 1976, S. 317), wiedergegeben in: Kessler, 1985, S. 28.

13 Abbildung im Religionsbuch 1, Halbfas, 1983, S. 23, vgl. den Kommentar im Lehrerhandbuch 1, Halbfas, 1983, S. 95-99.

14 Benoit Marchon/Josse Goffin: Ich möchte ganz still sitzen. Gedichte zum Beten, Mödling/Wien 1988, S. 22 (ohne Leer- Strophen).

8. Geschichten vom Schuldigwerden und was danach passiert
Offene Unterrichtsprozesse zu einem schwierigen Thema

1 Vgl. Oberthür, 1986.

2 S. Richter, 1979.

3 Werbick, 1985, S. 167f (gekürzt).

4 Vgl. Freese, S. 157f; Schreier, 1993, S. 20-25.

5 Vgl. hierzu die Kurzdarstellung bei Schweitzer, 1987, S. 112-121.

6 Vgl. Rodari, 1992, s. auch Fatke, 1990.

7 Kurzspielfilm, BRD, 1988 (Kath. Filmwerk, 16-mm- oder Video- Film), 25 Minuten lang, in den Medienstellen der Bistümer ausleihbar.

8 S. Neuhäuser/Rülcker, 1991, S. 6f.

9 Hier zitiert aus Schweitzer, 1987, S. 113.

10 In den schriftlichen Stellungnahmen wird das Verhalten von Heinz zwar von den meisten als »nicht richtig« eingeschätzt, es werden ihm andere Wege des Geldverdienens vorgeschlagen, doch der Apotheker kommt deutlich schlechter weg: »Dem Apotheker war es wohl egal, ob die Frau stirbt.« »Er hätte es auch billiger machen können. Eine halbtote Frau ist ja wohl wichtiger als Geld.« Einige Kinder sprechen sich ausdrücklich für Heinz aus. »Weil der Apotheker so gemein ist, hat er es nicht anders verdient.«

11 S. Weth, 1988.

9. Dem Traum Jesu auf die Spur kommen – Reich Gottes für Kinder
Eine Unterrichtsreihe mit allen Sinnen

1 Vgl. Baldermann, 1991.
2 Ebd., S. 30.
3 Ebd., S. 21ff.
4 Ebd., S. 23.
5 Kilian, 1987, S.42f.
6 Die Kinder befaßten (sich mit) folgenden Textilien: Sari (Indien), Männerrock (Indonesien), Stoffbatik (Indonesien), Pagnekleid und Pagnestoffe (Benin), Indigo-Stoffe (Benin), Mütze, Cocabeutel, Gürtel (Bolivien), Tragetuch mit Gurt (Bolivien), Mola (Panama), Ikat (Guatemala).

10. Bilder, Texte und Musik wahrnehmen und gestalten
Für ein metaphorisches Verstehen und offenes religiöses Lernen mit Kindern

1 Dohmen, 1988, S. 5.
2 Stock, 1984, S. 374.
3 Vgl. Oberthür, Rainer: Schöpfungsbilder. Umgang mit Bildern der Beziehung zwischen Gott und Mensch, in: KatBl 116 (1991), S. 431- 437.
4 Die ersten beiden Bilder sind in Halbfas, 1981, S. 114f, abgebildet. Das Fresko befindet sich als Farbdia in: Ders. (Hrsg.): Religionsunterricht in der Grundschule. 32 Dias zu den Religionsbüchern 3 und 4, Düsseldorf 1986.
5 Dieses und das vorherige Bild sind interpretiert und abgebildet in: Lange, 1988, S. 15-36. Als Dias befinden sie sich in: Bilder der Kunst zur Bibel. Eine Dia-Serie mit 48 Motiven aus der christlichen Tradition, München 1980, Nr. D18 und D23.
6 Das Bild ist als Poster (42x60 cm) beim Behelfsdienst der Diözese Linz, Kapuzinerstr. 84, A-4020 Linz, zu bestellen (Stück 10,- Schilling, ab 100 Stück 9,- Schilling). Äußerungen von A. Osterider zum Bild in: Christlich-Pädagogische Blätter 103 (1990), S. 20; unterrichtliche Anregungen von E. Hartl ebd. , S. 16-19.
7 Vgl. Halbfas, 1982, S. 51-83.
8 S. Anregungen in Oberthür, Rainer: Bilder erzählen. Hilfen zum Umgang mit Bildern im Religionsunterricht, Religionspäd. Arbeitshilfe Nr. 47, Katechetisches Institut, Aachen 1989; vgl. auch Oberthür, 1988.
9 Vgl. hierzu Müller, 1990; Ruth Oberthür, 1988; Goecke-Seischab 1993 und 1995.
10 Vgl. dazu auch Rodari, 1992, Fatke, 1990, Schreier 1993.
11 Faszinierende Bilder abfotografiert aus: K. W. Kelley (Hrsg.): Der Heimatplanet, Frankfurt [28]1993.
12 Musik aus: Jan Garbarek, Twelve Moons, Stück 1 (ECM 1500 CD 519 500/2) und aus: Arvo Pärt, Te Deum, Stück 1 (ECM New Series 1505), einem Lobpreis Gottes im Angesicht von Himmel und Erde.
13 Neben den abgedruckten Gedichten (s.u.) z.B.:
   – Martin Auer: Über die Erde, in: Gelberg, 1989, S. 286;
   – Josef Guggenmos: Ich weiß einen Stern, in: ders.: Ich will dir was verraten, Weinheim/Basel 1992, S. 123;
   – Reiner Kunze: Raumfahrer, in: ders.: Wohin der Schlaf sich schlafen legt, Frankfurt 1991, S. 45;
   – Günter Kunert: Der Astronaut, in: ders.: Ich Du Er Sie Es, Ravensburg 1988, S. 8; weitere Gedichte zu »Himmel und Erde«, in: Kaiser, 1993.
14 Andresen, 1992, S. 17.
15 Guggenmos, in: Gelberg, 1989, S. 279; Borchers, in: dies.: Gedichte, Frankfurt 1976 und

Eggers, Theodor (Hrsg.): Wo der Himmel ist, Düsseldorf 1981, S. 24; Kaiser, in: dies., 1993, S. 125.

16 Rodari, 1992, S. 10.

17 Ingo Baldermann, unveröffentlichtes Manuskript.

18 König, 1990, S. 20.

19 Die grundsätzliche Anregung hierzu verdanke ich Klaus König, 1990, S. 21.

20 Vgl. König, 1990 und 1992.

21 Zitiert in: Grundschule 23 (12/1991), S. 3.

22 Vgl. Rodari, 1992, S. 209.

23 Besonders betont hat diesen Vorwurf A. Bucher mit weitreichenden Anfragen an die religionspädagogische Arbeit mit Kindern. So beschreibt er unter Berufung auf entwicklungspsychologische Befunde als formale Kriterien für die Kindgemäßheit von Bildern die Präsentation nur von ganzen Gestalten, das Vermeiden einer komplexen Fülle von Motiven und den Verzicht auf bildhafte Veranschaulichung über das konkret Gezeigte hinaus (vgl. Bucher, 1990b, S. 286-294). Er fordert im Anschluß an eigene empirische Untersuchungen zur Entwicklung des Gleichnisverstehens das Vermeiden der Thematisierung des Gleichnisses als Gleichnis mit Kindern bis zu ca. 12 Jahren (vgl. ders., 1990a, S. 66f). Insgesamt plädiert er bei Kindern im Grundschulalter für den Schutz und das Belassen der »Ersten Naivität« (vgl. ders., 1989, S. 659ff und 1990b, S. 210).

24 Die oft tiefsinnigen, über das Gezeigte hinausgehenden Kinderäußerungen sowohl verbal zu Bildern, als auch im eigenen bildnerischen Ausdruck, die besondere Fähigkeit der Kinder, viele verschiedene Bildelemente phantasievoll aufeinander zu beziehen und ihre Freude über das Erkennen des Ganzen beim Sehen eines Teils sprechen gegen Buchers Beschränkungen der Bildauswahl (s.o.). Immer wieder äußern GrundschullehrerInnen, daß sie selbst sich im Umgang mit Bildern schwerer tun als die Kinder im Unterricht!
Angesichts dieser Erfahrungen mit Kindern kann ich Buchers didaktische Folgerungen aufgrund von Untersuchungen zu fragwürdig isolierten kognitiven Teilaspekten kindlichen Verstehens nur als Ausdruck einer Unterschätzung von Kindern beurteilen, die religionspädagogische »Verspätungen« provoziert.

25 Vgl. Rumpf, 1987, S. 215f.

26 Ebd. .

27 »Der Glaube wird nur angeeignet – zu meinem Glauben –, wo ich mich von den Unbestimmtheiten und ›Leerstellen‹ des Glaubens-Wissens zur Auslegung herausfordern, wo ich meine Erfahrungsgeschichte von den Symbolen des Glaubens in die Kommunikation über Glauben hineinziehen lasse.« Werbick, 1988, S. 89.

28 S. hierzu Hilger, 1975.

29 S. Kuld, 1989, S. 224-248, bes. S. 234.

30 Ebd., S. 234f.

31 Kuld, 1990, S. 182 und S. 184.

32 Vgl. pädagogische Überlegungen bei Rumpf, 1986 und 1987.

33 Werbick, 1993, S. 462f.

Literaturverzeichnis

Grundsätzlich wichtige und ausführlicher berücksichtigte Bücher sind in diesem Literaturverzeichnis aufgeführt, das somit als Empfehlungsliste für ReligionslehrerInnen zu lesen ist. Auf speziellere Themen bezogene Bücher- und Medienhinweise erfolgen vollständig innerhalb der Anmerkungen.

ANDRESEN, Ute: So dumm sind sie nicht. Von der Würde der Kinder in der Schule, Weinheim 1985.

ANDRESEN, Ute: Versteh mich nicht so schnell. Gedichte lesen mit Kindern, Weinheim/Berlin 1992.

BALDERMANN, Ingo: Wer hört mein Weinen? Kinder entdecken sich selbst in den Psalmen, Neukirchen-Vluyn 1986.

BALDERMANN, Ingo: Ich werde nicht sterben, sondern leben. Psalmen als Gebrauchstexte, Neukirchen-Vluyn 1990.

BALDERMANN, Ingo: Gottes Reich – Hoffnung für Kinder. Entdeckungen mit Kindern in den Evangelien, Neukirchen-Vluyn 1991.

BALDERMANN, Ingo/HEIDE, Anke: Deine Hand hält mich fest. Psalmen als Anleitung zum Umgang mit der Angst, München/Offenbach 1991.

BASTIAN, Hans-Dieter: Theologie der Frage. Ideen zur Grundlegung einer theologischen Didaktik und zur Kommunikation der Kirche in der Gegenwart, München 1969.

BERG, Horst Klaus: Von der Montessori-Pädagogik lernen: Freie Arbeit im Religionsunterricht, in: ru 24 (1/1994), S. 28-37.

BICHSEL, Peter: Kindergeschichten, Darmstadt [16]1983.

BODARWÉ, Christoph: Reden vom Tod ist Reden vom Leben. Neuere Kinder- und Jugendliteratur zum Thema »Tod« als Impuls für die religionspädagogische Praxis in Sonderschulen, Essen 1989.

BOßMANN, Dieter/SAUER, Gerd/DEßECKER, Klaus: Wann wird der Teufel in Ketten gelegt? Kinder und Jugendliche stellen Fragen an Gott, Lahr/München 1984.

BROCHER, Tobias: Wenn Kinder trauern. Wie Eltern helfen können, Reinbek 1985.

BRÜNING, Barbara: Mit dem Kompaß durch das Labyrinth der Welt. Wie Kinder wichtigen Lebensfragen auf die Spur kommen, Bad Münder 1990.

BUCHER, Anton A.: »Wenn wir immer tiefer graben … kommt vielleicht die Hölle«. Plädoyer für die Erste Naivität, in: KatBl 114 (1989), S. 654-662.

BUCHER, Anton A.: Gleichnisse verstehen lernen. Strukturgenetische Untersuchungen zur Rezeption synoptischer Parabeln, Freiburg, Schw. 1990a.

BUCHER, Anton A.: Symbol – Symbolbildung – Symbolerziehung. Philosophische und entwicklungspsychologische Grundlagen, St. Ottilien 1990b.

BURK, Karl-Heinz (Hrsg.): Kinder finden zu sich selbst. Disziplin, Stille und Erfahrung im Unterricht, Frankfurt 1984.

COLES, Robert: Wird Gott naß, wenn es regnet? Die religiöse Bilderwelt der Kinder, Hamburg 1992.

DOHMEN, Christoph/ENGLERT, Rudolf/STERNBERG, Thomas: In der Bilderflut ertrinken? Theologische Aspekte eines zeitgenössischen Problems, in: KatBl 113 (1988), S. 4-15.

FATKE, Reinhard: Kinder erfinden Geschichten. Erkundungsfahrten in die Phantasie, in: Duncker, Ludwig/Maurer, Friedemann/Schäfer, Gerd (Hrsg.): Kindliche Phantasie und ästhetische Erfahrung. Wirklichkeiten zwischen Ich und Welt, Langenau-Ulm 1990, S. 47- 62.

FAUST-SIEHL, G./SCHMITT, R./VALTIN, R. (Hrsg.): Kinder heute – Herausforderung für die Schule, Frankfurt a.M. 1990.

FAUST-SIEHL, Gabriele/BAUER, Eva-Maria/BAUR, Werner/WALLASCHEK, Uta: Mit Kindern die Stille entdecken. Bausteine zur Veränderung der Schule, Frankfurt 1990.

FÖLLING-ALBERS, Maria (Hrsg.): Veränderte Kindheit – veränderte Grundschule, Frankfurt a.M. 1989.

FREESE, Hans-Ludwig: Kinder sind Philosophen, Berlin 1989.

FRIED, Erich: Zwischen Tür und Amsel. Gedichte, Ravensburg 1990.

GELBERG, Hans-Joachim (Hrsg.): Geh und spiel mit dem Riesen, Weinheim/Basel 1971.

GELBERG, Hans-Joachim (Hrsg.): Überall und neben dir. Gedichte für Kinder in 7 Abteilungen, Weinheim/Basel 1989.

GERSTENBERGER, E./JUTZLER,K. /BOECKER, H.J.: Zu Hilfe, mein Gott. Psalmen und Klagelieder, Neukirchen-Vluyn, Zürich/Braunschweig [4]1989.

GOECKE-SEISCHAB, Margarete Luise: In Farben und Formen. Biblische Texte gestalten. 60 Vorschläge, München 1993.

GOECKE-SEISCHAB, Margarete Luise: Von Klee bis Chagall. Kreativ arbeiten mit zeitgenössischen Graphiken zur Bibel, München 1995.

GRABNER-HAIDER, Anton (Hrsg.): Praktisches Bibellexikon, Freiburg [7]1983.

GROM, Bernhard: Religionspädagogische Psychologie des Kleinkind-, Schul- und Jugendalters, Düsseldorf/Göttingen 1981.

GUITTON, Jean/BOGDANOV, Grichka und Igor: Gott und die Wissenschaft. Auf dem Weg zum Metarealismus, München [2]1993.

HALBFAS, Hubertus und Ursula: Das Menschenhaus. Ein Lesebuch für den Religionsunterricht, Düsseldorf/Zürich/Stuttgart 1972.

HALBFAS, Hubertus: Der Sprung in den Brunnen. Eine Gebetsschule, Düsseldorf 1981.

HALBFAS, Hubertus: Das dritte Auge. Religionsdidaktische Anstöße, Düsseldorf 1982.

HALBFAS, Hubertus: Das Welthaus, Düsseldorf 1983.

HALBFAS, Hubertus: Religionsbuch für das 1.-4. Schuljahr, Düsseldorf/Zürich/Köln 1983-1986 (zitiert als Religionsbuch 1,2,3 bzw. 4).

HALBFAS, Hubertus: Religionsunterricht in der Grundschule. Lehrerhandbücher 1-4, Düsseldorf/Zürich 1983-1986 (zitiert als Lehrerhandbuch 1,2,3 bzw. 4).

HALBFAS, Hubertus: Wurzelwerk. Geschichtliche Dimensionen der Religionsdidaktik, Düsseldorf 1989.

HALBFAS, Hubertus: Religionsunterricht in Sekundarschulen. Lehrerhandbuch 5, Düsseldorf 1992.

HILGER, Georg/REILLY, George (Hrsg.): Religionsunterricht im Abseits? Das Spannungsfeld Jugend – Schule – Religion, München 1993.

HILGER, Georg: Religionsunterricht als offener Lernprozeß, München 1975.

HILGER, Georg: Unterricht über Unterricht, in: Geppert, K./Preuß, E.: Selbständiges Lernen. Zur Methode des Schülers im Unterrricht, Bad Heilbrunn 1980, S. 90-96.

JOBÉ, Joseph (Hrsg.): Die Sonne. Licht und Leben, Freiburg/Basel/Wien 1975.

KAISER, Heidi (Hrsg.): Das große Kinderbuch von Himmel und Erde. Gebete und Geschichten von Gott und den Menschen, Wien 1993.

KESSLER, Hans: Sucht den Lebenden nicht bei den Toten. Die Auferstehung Jesu Christi in biblischer, fundamentaltheologischer und systematischer Sicht, Düsseldorf 1985.

KILIAN, Susanne: Kinderkram. Kinder-Gedanken-Buch, Weinheim/Basel 1987.

KÖNIG, Klaus: Hindurch-Hören. Absolute Musik im Religionsunterricht, in: Informationen für Religionslehrer und Religionslehrerinnen des Bistums Limburg, Heft 2-3/1990, S. 20-22.

KÖNIG, Klaus: Religiöses Lernen mit absoluter Musik, in: Religionspäd. Beiträge H. 30/1992, S. 44-57.

KROMBUSCH, Gerhard/EDELKÖTTER, Ludger: Weil du mich so magst. Religiöse Kinderlieder, Drensteinfurt 1989.

KROMBUSCH, Gerhard: Mit Kindern auf dem Weg in die Stille (Arbeitshilfen zu »Komm mit zur Quelle«), Drensteinfurt 1989.

KULD, Lothar: Lerntheorie des Glaubens. Religiöses Lehren und Lernen nach J.H. Newmans Phänomenologie des Glaubensakts, Sigmaringendorf 1989.

KULD, Lothar: Kinder denken anders. Anmerkungen zur Kontroverse um die »Erste Naivität«, in: KatBl 115 (1990), S. 180-185.

LANGE, Günter: Kunst zur Bibel, München 1988.

LIPMAN, Matthew/ SHARP, Ann Margaret: Handbuch zu Pixie, bearb. von CAMHY, Daniela, Wien 1986.

MANZ, Hans: Die Welt der Wörter. Sprachbuch für Kinder und Neugierige, Weinheim 1991.

MARTENS, Ekkehard: Sich im Denken orientieren. Philosophische Anfangsschritte mit Kindern, Hannover 1990.

MARTENS, Ekkehard/SCHREIER, Helmut (Hrsg.): Philosophieren mit Schulkindern. Philosophie und Ethik in Grundschule und Sekundarstufe I, Heinsberg 1994.

MASCHWITZ, Gerda und Rüdiger: Stille-Übungen mit Kindern. Ein Praxisbuch, München 1993.

MASCHWITZ, Gerda und Rüdiger: Gemeinsam Stille entdecken. Übungen für Kinder und Erwachsene, München 1995.

MATTHEWS, Gareth B.: Philosophische Gespräche mit Kindern, Berlin 1989.

MATTHEWS, Gareth B.: Denkproben. Philosophische Ideen jüngerer Kinder, Berlin 1991.

MENKE, Birgit: Freiarbeit. Ein Chance für den Religionsunterricht, Essen 1992.

MOSER, Tilman: Gottesvergiftung, Ulm [2]1981.

MÜLLER, Eva: Bildnerische Eigentätigkeit im Religionsunterricht der Primarstufe. Entwicklung einer Lernform, Frankfurt a.M. 1990.

NEUHÄUSER, Heike/RÜLCKER, Tobias: »Na hör' mal, du kannst nicht so einfach bestimmen, was ich jetzt mache.« Moralvorstellungen von Kindern und wie die Schule damit umgehen kann, in: Die Grundschulzeitschrift 5 (1991) H. 50, S. 6-11.

NIPKOW, Karl Ernst: Erwachsenwerden ohne Gott? Gotteserfahrung im Lebenslauf, München [2]1988.

OBERTHÜR, Rainer: Angst vor Gott? Über die Vorstellung eines strafenden Gottes in der religiösen Entwicklung und Erziehung, Essen 1986.

OBERTHÜR, Rainer: Sehen lernen. Unterricht mit Bildern R. Agethens aus dem Grundschulwerk von H. Halbfas, Essen 1988.

OBERTHÜR, Rainer: Die »Erste Naivität« ist in der »Zweiten« »aufgehoben«. Überlegungen zum Verhältnis zwischen »Erster« und »Zweiter Naivität«, in: KatBl 115 (1990), S. 176-179.

OBERTHÜR, Rainer: »… wer nicht fragt, bleibt dumm!« »Philosophieren mit Kindern« als Impuls für den Religionsunterricht, in: KatBl 117 (1992), S. 783-792.

OBERTHÜR, Ruth: Malen im Religionsunterricht, Essen 1988.

OYEN, Wenche/KALDHOL, Marit: Abschied von Rune, München [4]1988.

POPP, Walter: Wie gehen wir mit den Fragen der Kinder um? Erziehung zur Fraglosigkeit als ungewollte Nebenwirkung? In: Grundschule 21 (3/1989), S. 30-32.

RABL, Josef: Religion im Kinderbuch. Analyse zeitgenössischer Kinderliteratur unter religionspädagogischem Aspekt, Hardebek 1982.

RAUSCHENBERGER, Hans: Kinderfragen – Entwicklung, Bedeutung und pädagogische Hermeneutik, in: Zeitschrift für Pädagogik 31 (6/1985), S. 759-771.

REED, Ronald: Kinder möchten mit uns sprechen, Hamburg 1990.

RICHTER, Horst E.: Der Gotteskomplex. Die Geburt und die Krise des Glaubens an die Allmacht des Menschen, Reinbek 1979.

RICHTER, Jutta: Himmel, Hölle, Fegefeuer. Versuch einer Befreiung, Reinbek 1985.

RINGELE, Beate: Tilman Moser »Gottesvergiftung«. Über die Ursprünge von Religion im frühen Kindesalter, Essen 1984.

RITZ-FRÖHLICH, Gertrud: Laßt die Kinder fragen. Ergebnisse eines Forschungsprojektes, in: Grundschule 23 (4/1991), S. 67-69.

RITZ-FRÖHLICH, Gertrud: Kinderfragen im Unterricht, Bad Heilbrunn 1992.

RODARI, Gianni: Grammatik der Phantasie. Die Kunst, Geschichten zu erfinden, Leipzig 1992.

RUMPF, Horst: Mit fremdem Blick. Stücke gegen die Verbiederung der Welt, Weinheim/Basel 1986.

RUMPF, Horst: Belebungsversuche. Ausgrabungen gegen die Verödung der Lernkultur, Weinheim/München 1987.

SAUER, Ralph: Kinder fragen nach dem Leid. Hilfen für das Gespräch, Freiburg 1986.

SCHERF, Dagmar (Hrsg.): Der liebe Gott sieht alles. Erfahrungen mit religiöser Erziehung, Frankfurt 1984.

SCHREIER, Helmut: Himmel, Erde und ich. Geschichten zum Nachdenken über den Sinn des Lebens, den Wert der Dinge und die Erkenntnis der Welt, Heinsberg 1993a.

SCHREIER, Helmut: Über das Philosophieren mit Geschichten für Kinder und Jugendliche, Heinsberg 1993b.

SCHULTZ, Magdalene: Wieviel Kindgemäßheit brauchen Kinder? Fragezeichen zu einer medienpädagogischen Maxime, in: Büttner, C./Ende, A.: Lebensräume für Kinder, Weinheim/Basel 1989, S. 124-143.

SCHWEITZER, Friedrich/FAUST-SIEHL, Gabriele (Hrsg.): Religion in der Grundschule. Religiöse und moralische Erziehung, Frankfurt a.M. 1994.

SCHWEITZER, Friedrich: Lebensgeschichte und Religion. Religiöse Entwicklung und Erziehung im Kindes- und Jugendalter, München 1987.

STOCK, Alex: Bilder besprechen. Vom Sinn einer durch Übung und Wissen weiterentwickelten Wahrnehmung von Bildern, in: KatBl 109 (1984), S. 372-376.

WERBICK, Jürgen: Schulderfahrung und Bußsakrament, Mainz 1985.

WERBICK, Jürgen: Religionsdidaktik als »theologische Konkretionswissenschaft«. Zum theologischen Rang des Didaktischen – aus fundamentaltheologischer Perspektive, in: KatBl 113 (1988), S. 82-99.

WERBICK, Jürgen: Glaubenlernen aus Erfahrung. Grundbegriffe einer Didaktik des Glaubens, München 1989.

WERBICK, Jürgen: Bilder sind Wege. Eine Gotteslehre, München 1992.

WERBICK, Jürgen: Heutige Herausforderungen an ein Konzept des Religionsunterrichts, in: KatBl 118 (1993), S. 451-465.

WETH, Irmgard: Neukirchener Kinderbibel, Neukirchen-Vluyn 1988.

ZIRKER, Hans: Die Glaubwürdigkeit des Glaubens in Religionsbüchern der Grundschule, in: Religionspädagogische Beiträge H. 18/1986, S. 76-98.

ZOLLER, Eva: Die kleinen Philosophen, Zürich 1991.

Quellenverzeichnis

Texte/Lieder

S. 12 D. Boublil/L. Gerritsen, Wer. Aus: Herman van Veen, Und er geht und er singt. Rasch und Röhring Verlag, Hamburg/Zürich 1985 – **S. 13** Erich Fried, Kleine Frage. Aus: Ders., Lebensschatten. Verlag Klaus Wagenbach, Berlin 1981; siehe auch: Erich Fried, Gesammelte Werke. Verlag Klaus Wagenbach, Berlin 1993 – **S. 24** Jutta Richter, Der liebe Gott sieht alles. Rechte bei Autorin – **S. 27** Susanne Kilian, Gottes Augen. Aus: Dies., Kinderkram. Kinder-Gedanken-Buch. © 1987 Beltz Verlag, Weinheim und Basel. Programm Beltz & Gelberg, Weinheim – **S. 29** Martin Auer, Tischrede. Aus: Hans-Joachim Gelberg (Hrsg.), Überall und neben dir. © 1986 Beltz Verlag, Weinheim und Basel. Programm Beltz & Gelberg, Weinheim – **S. 36** Du bist der ICH-BIN-DA (Nr. 50172). Text: Rolf Krenzer/Musik: Ludger Edelkötter. Aus: Weil du mich so magst (IMP 1036). Alle Rechte im IMPULSE-Musikverlag, 48317 Drensteinfurt – **S. 39** Liedtext: Ich bin und weiß nicht wer. Mündlich überliefert – **S. 40** Annemarie Wietig, Wer bin ich? Aus: Hans-Joachim Gelberg (Hrsg.), Geh und spiel mit dem Riesen. © 1971 Beltz Verlag, Weinheim und Basel. Programm Beltz & Gelberg, Weinheim – **S. 42** Martin Auer, Zufall. Quelle wie S. 29 – **S. 43** Susanne Kilian, Innendrin. Quelle wie S. 27 (leicht gekürzt) – **S. 45** Jürgen Spohn, Ich. Rechte: Barbara Spohn – **S. 53** Stonehenge-Erzählung. Bearbeitung nach: Hubertus Halbfas, Religionsunterricht in der Grundschule. Lehrerhandbuch 2. Patmos Verlag, Düsseldorf – **S. 57** Ich will euch wieder (Echnaton- Erzählung). Quelle wie S. 53 – **S. 69** Ursula Wölfel, Die Geschichte vom eiligen Mann. Aus: Dies., 28 Lachgeschichten. © by K. Thienemanns Verlag, Stuttgart-Wien – **S. 73** Susanne Kilian, Die Zeit und Lena mittendrin. Quelle wie S. 27 – **S. 76** Walter R. Ritter, Nimm dir Zeit. Aus: C. Hojenski/B. Hübner/R. Hundrup/M. Meyer (Hrsg.), Meine Seele sieht das Land der Freiheit. Feministische Liturgien – Modelle für die Praxis. Münster 1990 – **S. 78** Zeit für Ruhe (Nr. 50752). Text: Gerhard Krombusch/Musik: Ludger Edelkötter. Aus: Weil du mich so magst/Komm mit zur Quelle (IMP 1036/1037). Alle Rechte im IMPULSE-Musikverlag, 48317 Drensteinfurt - **S. 79** Hans Manz, Das Gras wachsen hören. Aus: Ders., Die Welt der Wörter. © 1991 Beltz Verlag, Weinheim und Basel. Programm Beltz & Gelberg, Weinheim – **S. 96** Wenche Oyen, Abschied von Rune. Aus: Wenche Oyen/Marit Kaldhol, Abschied von Rune. Verlag Ellermann, München ⁴1988, S. 14, 24, 26 ff. (in Ausschnitten) – **S. 103** Benoit Marchon, Jemand stirbt… Aus: Benoit Marchon/Josse Goffin, Ich möchte ganz still sitzen. Verlag St. Gabriel, Mödling/Wien 1988 – **S. 128** Susanne Kilian, Erinnerung an einen Apfelbaum. Quelle wie S. 27 – **S. 148** Josef Guggenmos, Gibt's einen Gott (Erde unser). Quelle wie S. 29 – Elisabeth Borchers, Ich erzähle dir eine Geschichte. Aus: Dies., Gedichte. © 1976 Suhrkamp Verlag, Frankfurt am Main – **S. 149** Heidi Kaiser, Traum von einer neuen Welt. Aus: Dies. (Hrsg.), Das große Kinderbuch von Himmel und Erde. © 1993 Annette Betz Verlag, Wien – **Umschlagrückseite:** Erich Fried, Kleine Frage. Quelle wie S. 13

Fotos/Bilder

S. 35 Marc Chagall, Dieu se manifeste à Moïse dans le buisson (Ex. 3, 1-5). Bible 27/WVZ Nizza 283. © VG Bild-Kunst, Bonn 1995 – **S. 52** Zeichnung: Ruth Oberthür – **S. 61** Flachrelief aus der Kirche Santa Maria de Quintanilla de las Viñas in Burgos/Spanien. Foto: Edita S.A., Lausanne/Schweiz – **S. 62** Relief aus der St. Jakobuskirche, Tübingen, ca. 11. Jh. Foto: Peter Neumann, Ammerbuch – **S. 63** Alois Mayer, Aachen – **S. 64** Alois Mayer, Aachen – **S. 65** Zeichnung: Ruth Oberthür – **S. 66** links: Alfred Manessier, Wächter am Grabe, 1949. VG Bild-Kunst, Bonn 1995 – rechts: Alfred Manessier, Auferstehung, 1949, Farblithographie. VG Bild-Kunst, Bonn 1995 – **S. 86** Gabriele Lorenzer, Frankfurt – **S. 101** Käthe Kollwitz, Ruht im Frieden seiner Hände, 1935/36. © VG Bild- Kunst, Bonn 1995. Foto: Bildarchiv Preußischer Kulturbesitz, Berlin – **S. 111** Alois Mayer, Aachen – **S. 112** Alois Mayer, Aachen – **139** links: Zeichnung nach Religionsmotiven, aus: Hubertus Halbfas, Der Sprung in den Brunnen. Patmos Verlag, Düsseldorf [13]1981 – rechts: Meister von Tahull, Die göttliche Hand, Fresko, um 1225. San Clemente/Spanien – **S. 140** Der Schöpfergott als Baumeister der Welt. Miniatur aus einer franz. Bilderbibel, um 1220/1230. Österreichische Nationalbibliothek, Wien – **S. 141** oben: Die Erschaffung der Welt. Aus dem »Genesisteppich« von Gerona/Spanien, Stickerei auf Wolle, um 1050. Kathedralkirche in Gerona – unten: Adolf A. Osterider, Die Schöpfung, Tafelbild, 1986. Pfarrheim Groß St. Florian/Stmk. Foto: Werner Sabutsch

Sensibel für Kinder

Rainer Oberthür
**KINDER FRAGEN
NACH LEID UND GOTT**
Lernen mit der Bibel
im Religionsunterricht
Ein Praxisbuch
175 Seiten. Kartoniert.
ISBN 3-466-36439-6

Kinder beschäftigen sich intensiv mit Gerechtigkeit, Krieg, Leid in der Welt und damit auch mit der Frage nach Gott. Dieses Praxisbuch für den Religionsunterricht sensibilisiert für diese Kinderfragen und bringt sie in einen Dialog mit biblischen Themen. Das geschieht mit ausgearbeiteten Praxisbausteinen und durchgestalteten Unterrichtseinheiten. Über eine Fülle von erprobten Texten und eindrucksvollen Bildern wird die Nähe der Kinderfragen zur Bibel für den Unterricht fruchtbar gemacht. Viele konkrete Anregungen ermöglichen ein erfahrungsnahes religiöses Lernen mit der Bibel.

Kösel-Verlag München, online: www.koesel.de